U0117568

賞析詩作評論集

（二）

趙迺定 著

文史哲評論叢刊

文史哲出版社印行

國家圖書館出版品預行編目資料

賞析詩作評論集/ 趙迺定著. -- 初版 -- 臺北
市：文史哲, 民 101.11
　　冊；　公分（文史哲評論叢刊；4）
ISBN 978-986-314-074-0（第 2 冊：平裝）

1. 詩評　2. 新詩

821.886　　　　　　　　　　101024418

文史哲評論叢刊　　4

賞析詩作評論集（二）

著　　者：趙　　　　迺　　　　定
出版者：文　史　哲　出　版　社
　　　　http://www.lapen.com.tw
　　　　e-mail：lapen@ms74.hinet.net
登記證字號：行政院新聞局版臺業字五三三七號
發行人：彭　　　正　　　雄
發行所：文　史　哲　出　版　社
印刷者：文　史　哲　出　版　社
臺北市羅斯福路一段七十二巷四號
郵政劃撥帳號：一六一八〇一七五
電話886-2-23511028・傳真886-2-23965656

定價新臺幣三四〇元

中華民國一〇一年（2012）十一月初版

自　序

　　筆者自 1961 年發表〈懷〉一詩於《自由青年》以來，對詩的創作、詩的賞析以及詩的相關理論均曾多所留意、注目；尤其在新詩論戰之時，更是汲汲營營於汲取詩之養分而廢寢忘食。

　　茲今整理已發表相關詩賞析評論文章，自第一篇〈非馬《在風城》的感受〉於 1975 年 10 月完成以來，不覺時光倥傯，倏忽已過了四十幾個年頭。

　　考當時所以會去寫詩的賞析評論之類的文章，應以詩人陳千武先生於非馬發表其處女詩集時，寄來非馬的《在風城》詩集，並內附一張台南市政府印贈的「台南中山公園」的風景明信片（沒貼郵票的）稱：「非馬託我奉上《在風城》一冊，敬祈寫一篇短文論評或讀後感，於 11 月 10 日前寄給我，謝謝，謝謝。祝安。」底下署名陳千武。

　　陳千武前輩在詩界，是一位值得尊敬的長者，彬彬有禮，有溫文儒雅之風，又喜提攜後進。

　　非馬《在風城》發表後，不幾月的，大概有陳千武、李魁賢、林煥彰和筆者為其寫「短文論評或讀後感」於《笠》集為專輯。而筆者〈非馬《在風城》的感受〉一文裡，所探討的詩作〈圓桌武士〉、〈鳥籠〉、〈通貨膨脹〉及〈裸奔〉

等，在後來的探討非馬詩作的作品中，不管是大詩人或是小詩人，亦是經常被提起論評的詩題，足見英雄所見略同，好詩就是好詩，有目共睹。

　　而自此之後，以迄 1984 年以前爲止，筆者合計完成了非馬、郭成義、李魁賢等詩人作品之賞析評論文章各二篇，而對楊喚、巫永福、李昌憲、林外、楊傑美、黃樹根、趙天儀、陳寧貴、蔡忠修及和權等詩人作品之賞析評論文章則各有一篇，所探討之詩作作品合應有 53 首之多，都爲〈賞析詩作評論集〉，已於 2012.07 由文史哲出版社印行。

　　並自 2004 年起，以迄 2008 年止，又陸續完成巫永福、白萩、曾貴海（二篇）、趙天儀、江自得（二篇）、葉笛、謝碧修、陳銘堯、李長青、陳明克、鄭炯明、莫渝及黃騰輝等詩人及筆者詩作之作品賞析評論文章。以上除探討莫渝部分已列入《莫渝研究資料彙編》，由苗栗縣文化局編印，及黃騰輝部分已另收藏於《閱讀黃騰輝》，由春暉出版，不再列入外；其他賞析評論文章歸類爲本集〈賞析詩作評論集（第二集）〉，本集所探討詩人作品合應有 85 首之多。

　　本集〈賞析詩作評論集(第二集)〉之編排，係以成稿完成日期爲準，如有二稿者，則按最後一篇編排，至於個人作品則殿後。所以如此處理，係因文章之撰擬有時會與寫作當時之風潮與個人注意力有關，所以特別按成稿日期編排，以留下資料。而相關作者詩人資料僅爲讓讀者略有梗概參考而已，所以雖有些已有變動，如巫永福前輩已作古，仍以撰擬當時之狀況爲準，並略爲更正。

　　本集因寫作時間長達四、五年之久，所以體例會有所更

動；如為單篇作品，有差異也是無妨的，然如合為一集的，其間之差異就會凸顯出來而令人感到突兀、凌亂。而既然要都為一集，只得求其統一了，此外又藉結集之便，在文辭與文意上，也再訂正一次，自也花了許多時間。

　　而個人所以能花那麼多的時間去消費在文學事業上，那當然是個人有毅力、有精神的表徵；然如沒有賢內助的擔負眾多家事，讓個人無後顧之憂，又怎能成就其事呢？所以個人在此要特別感謝我內子的費心。

　　與趙天儀教授相聚時，有一次，他就說：「我退了休，賦閒在家的時間比較多，有時候太太叫我做東做西的，我都不會做，就挨罵了：『你什麼都不會做，就只會教書，你以為做家事就那麼簡單麼？家事沒有我去做，誰做！而小孩子是怎麼長大的，你知道嗎？家事，你什麼都不會做，沒有我，我看你早就餓死了！』」

　　唉，教書的「大事業」與做家事的「雞毛蒜皮小事」，可都是有同等的存在價值，缺一不可的，也無所謂的高尚或低下之別。其實再推到大官員和小工友之間的工作，不也都是有其存在價值的麼？又有哪個比較高尚，哪個比較低賤嗎？凡人都應三思！

趙迺定謹誌　2012.06.8

賞析詩作評論集

第 二 集

目　　次

祖國‧戒嚴‧台灣

── 巫永福作品之賞析

　　認識巫永福前輩是在《笠》詩刊年會上，那時筆者剛加入《笠》，除了趙天儀教授和陳秀喜女士以外，均是第一次見面。30 年前的巫永福前輩，早已滿頭白髮，望之在威嚴中蘊涵慈祥；其後多次在年會及聚會上見面。後來《笠》為個別同人作品講評，由於台北同仁較多，因之在台北舉行；講評會大致由前輩及較活躍的年輕同仁發言，而我一則本就不多言，再則進入《笠》的輩份較淺，因之職司記錄之責。

　　口語之表達與文章涵意之表達，有時差距很大。口語可以反覆陳述、繞著講東講西的或兼採身體語言表達之，有時則言已盡意猶不足；但文章就要考慮言簡意賅、組織結構。所以雖有錄音，其實我大致都是予以補充、強化、安排說理，工作並不輕鬆，記錄了幾期，均發表於《笠》詩刊；後來由於筆者公務忙碌，就改由自立晚報主編記錄，並於該報披露發表。

　　巫永福先生（1913 年 3 月 11 日~2008 年 9 月 10 日），號永州，筆名田子浩，生於台灣南投縣埔里鎮東門，1935 年明治大學文藝科畢業。他在學時曾組織「台灣藝術研究會」發刊文學雜誌；返台後參加台灣文藝聯盟雜誌《台灣文藝》，

1941 年參加《台灣文學》，任職台灣新聞社記者。終戰後任職中國化學製藥公司總經理、新光產物保險公司駐會董事兼副總經理，係台北歌壇及笠詩刊同人，台灣筆會會員，曾任台灣文藝發行人。國策顧問。

巫永福在台灣詩庫裏共出版《霧社緋櫻》、《木像》、《稻草人的口哨》、《不老的大樹》等四集。

本文共選用其中《霧社緋櫻》的〈我的影子不孤獨〉、〈烏嘴筆仔多嘴〉、〈台灣話的悲哀〉；《木像》的〈月光〉、〈山路〉、〈陰魂不散〉、〈護牆〉、〈攏是你害的〉；《稻草人的口哨》的〈孤兒之戀〉、〈祖國〉、〈發呆的口哨〉、〈自由的樹蔭下〉、〈權力不會賢明〉、〈天安門〉、〈總統府〉；《不老的大樹》的〈祈禱〉、〈不老的大樹〉，共十七首；尤以〈烏嘴筆仔多嘴〉及〈總統府〉，更為上乘之作。並將之以「祖國」、「戒嚴」、「台灣」三輯分類之。

其實巫先生的詩，運用平舖直述手法較多，易瞭解其內涵，原毋須「多嘴」贅言；惟以其長期從事文藝創作，漢文又是自習而得，筆墨之運用有此成績，而時刻為台灣民主自由奮鬥之精神，兼之創設「巫永福文學獎」，積極獎勵台灣文學之研究，著實不可多得，故為文研究。原文有些手民誤植之處以及無意義之虛字，本文斗膽予以訂正。最後，願台灣島猶如巫先生詩作〈不老的大樹〉。

「祖國」輯

台灣地處中國東南隅，是中國門戶也是亞細亞咽喉，山

川秀麗、物產豐饒；然因位處太平洋邊陲地帶，中國歷朝皆視爲海中孤島，鮮少建設。17世紀初期，仍洪荒未闢。

1624年荷蘭人據台，創東印度公司推廣農牧，生產稻米、蔗糖、鹿皮等並利用台灣優越地理位置，使其成爲中國、日本、歐洲等地貨物轉口集散中心，奠定台灣接受近代文明之基礎。

1661年鄭成功收復台灣，在台立郡縣制度、推廣儒家教育、建孔廟、教習四書五經，使台灣變成文風鼎盛的漢人社會；此後閩粵居民競相移民、開墾生產米糖外銷，百年間使台灣增加七、八十萬人，形成台灣富裕局面。

1874年日本以艦隊載運軍隊3千6百人，自恆春北邊登陸圍攻牡丹社，佔據台灣南端，史稱牡丹社事件；此後，清朝特派船政大臣沈葆禎率兵渡台備戰並積極建設台灣，築恆春城、建億載金城砲台，於台南開闢道路（今蘇花、南迴、中橫公路前身），並將行政區擴及全島。

1875年2月正式開放大陸人自由移民台灣開墾。

1884年起，因中法之戰保台有功之台灣首任巡撫劉銘傳，更大刀闊斧在台從事各項現代化建設，興建全中國第一條由國人修建之鐵路、創設第一家國人自辦電力公司及第一套電報系統，並推行土地改革及賦稅改革，可說是台灣現代化之父。

甲午戰後，清朝將台灣割讓日本，自1895年起台灣開始長達半世紀的日據時代。日政府爲達全面有效統治，著手建立戶警制度及精密的土地登錄制度、統一度量衡及貨幣、興水利、發展農業、建立公醫制度及改善衛生制度、興建西部

縱貫鐵路及高雄、基隆兩大港，以暢通物資運輸並壟斷台灣
商業、糖業，引進日本大企業開辦電力、機械、肥料、水泥、
採礦等工業；日政府雖採高壓統治並奪取台灣資源，但也使
台灣在短期間內改變鬆散的統治面貌，而建立成為工商社
會。（摘自《台灣壽險業發展的歷史背景》新光人壽）

　　台灣從原住民到河洛人、客家人的墾荒，以及大航海時
代葡、西、英的造訪，再延伸到明、清介入，其歷史數度變
遷；清末割讓台灣，台灣人基於血緣、血統關係，依舊以中
國為母國。台灣既被割讓遺棄，台灣人只得苟活於異族統治
之下。沒有哪個人願意為亡國奴，但台灣之被割讓，台灣人
卻無從置喙；台灣人的生命，掌控在主政者的喜怒哀樂之中，
此何其可悲！

◎孤兒之戀

亡國的悲哀

被日人謾罵為清國奴的憤怒

把它埋入苦苓樹下

花香的風溶化不了

默默拭去的淚珠

佇立而仰望花和雲的時候

雲脆弱地散開

孤兒的思惟和嘆息

在陽光下越來越厲害

清國奴何意

被罵的悲哀在心底
清淨的溪流有憂愁
仙丹豔紅的花和
卞特利亞蘭花的華美
也失去清麗
木蓮花含苞嘆息
吐不出優雅芳香

聽青鵑的哀鳴就想起國土
聽庭院雀鳥叫就想起國土
聽了就憂愁
在夜燈下啜泣
在基隆海日出的時候
在台日航路的船上憤怒著
把恥辱藏在故鄉的山巒
把孤兒的思惟藏在波浪

日夜想著難能得見的祖國
愛著難能得見的祖國
那是解纜孤兒的思惟啊！
醫治深沈的恥辱傷痕
那是給與自尊的快樂啊！
使重量的悲哀消逝
使沈溺的氣憤捨棄深淵
呀！難能得見的祖國何在

苦悶使我快窒息難耐

眼淚終日流不停

到竹林裏走動散心

雖無信神之心

仍想著奉媽祖冒險來台的

祖先辛苦經營到今日的悲哀

在遙遠的海浪黑潮中

只要有一點點光亮

就好……

　　　　　　　　　（日據時代日文作品／陳千武譯）

　　〈孤兒之戀〉寫台灣被割讓，台灣人被遺棄的悲哀；詩裡充滿對祖國思念之情與被棄的不諒解。

　　該詩詮釋：

　　亡國的台灣人，其內心底層，那亡國的原罪原已夠悲哀的，又加被日人挑明謾罵為「清國奴」，更是氣人。

　　然活在他人籬笆下，只得認了吧，就把那悲哀與憤怒埋藏在苦苓樹下吧。但帶著苦苓樹花香的風，依舊溶化不了默默拭去的因亡國而憂傷的淚珠。佇立而仰望那花和雲的時候，脆弱的雲散開了；但亡國孤兒的思惟和嘆息並不脆弱，不但不散開，反而在溫暖陽光之下，顯得更是嚴重厲害。

　　「清國奴」是什麼意思？被罵的悲哀沉澱在心底。亡國了，連原本清淨的溪流也憂愁了，仙丹豔紅的花和卞特利亞蘭花的華美也失去了清麗，而含苞嘆息的木蓮花更吐不出優

雅芳香，一切都已改變，改變成憂愁、暗淡、無味。

聽青鵐的哀鳴就想起了國土，聽庭院雀鳥叫就想起國土來，聽了就會想，想了就會憂愁得在夜燈下啜泣。基隆海日出之時原應朝氣蓬勃，卻在台日航線上憤怒著；亡國了，台灣已成孤兒，台灣人已成奴隸，在任人宰割。把亡國的恥辱藏在故鄉的山巒；把孤兒的思惟藏在波浪裡。

日夜想著那很難見得的祖國，愛著那很難見得的祖國，那是被放逐孤兒的唯一思惟！想著愛著祖國，那是醫治深沈恥辱傷痕的良方，那是給台灣人自尊的快樂！能使台灣人那深重的悲哀消逝，能使台灣人捨棄那沈溺的氣憤，就只有祖國呀！可是，很難見到的祖國又何在，爲何把台灣人遺棄，爲何又把台灣割捨。

苦悶使台灣人快窒息難耐了，眼淚終日流個不停。到竹林裏去走動散心，以舒解憂傷吧。雖無信神之心，仍想著那供奉媽祖冒險來台的祖先們的篳路藍縷與辛苦經營；今日台灣雖已初見豐收美景，卻又被遺棄，啊，台灣的悲哀！

在遙遠的海浪黑潮中，祖國啊，您只要有一點點光亮，給一點點注目、關懷，給一點希望的，讓我想著望著，有個寄託就好……。

字辭詮釋：

1、「苦苓樹」：指楝樹，俗稱「苦楝」，與台語的「可憐」音相近。楝樹原產台灣、華中、華南，廣佈於東亞、南至印度、北至日本均可見到；其生長迅速，能耐潮風、鹹土，且木材紋理美觀、性質良好，爲優良造林樹種，由於其樹皮味苦，故俗稱「苦楝」。苦楝，具二至三回羽狀複葉，葉質

細緻而色澤碧綠，花開於春夏之交，花淡紫色，花中央爲深紫色之雄蕊筒，花香濃郁。又因「苦楝樹」花開於春末，居24 花信風之最後，每爲多愁善感的詩人見之而傷春。（參考《台灣常見樹木解說手冊》台灣省農林廳林務局）

　　此詩「亡國的悲哀／被日人謾罵爲清國奴的憤怒／把它埋入苦苓樹下」，其亡國與被罵爲清國奴均爲可憐之事，埋入「可憐樹」下，意涵同病相憐，更令人傷悲。

　　2、「木蓮花」：俗稱洋玉蘭，亦稱木蘭花；別稱洋木蘭、荷花玉蘭、廣玉蘭、泰山木。木蓮花屬木蘭科常綠喬木，原產美國東南部，適種於河岸及沿海平原的潮濕地帶。其葉互生、厚硬，表面深綠，葉緣向背面反捲，背面佈滿鏽色絨毛；其花乳白色，足有 30 公分，呈杯狀，似蓮花，極香，其香味與野薑花相像。木蓮花開在梅雨季，其花瓣可提製香水、香料，與玉蘭花同。（參考網路《中台世界 ── 中台植物》）

　　木蓮與台語「目連」音相近。目連又名目犍連，爲佛陀10 大弟子之一。目連戲爲中國戲曲之戲祖，也是現今世上保存最完整、規模最宏大的宗教祭祀劇，其內涵豐富，對中國封建社會之政經、文化、宗教、倫理及風俗民情都有所反映。

　　目連救母的故事：目連見到死去的母親在餓鬼道中受苦受難，雖使盡神通之力亦不能救助，因而求佛救度，佛陀告訴他在 7 月 15 日（即僧眾自恣日），備百味飲食供養十方僧眾，可使母親解脫。

　　最早的《目連救母》是雜劇，至北宋後期形成連演 7、8 天的「目連救母雜劇」。目連戲傳播中國 8 百多年，歷經儒、道、巫及民間風俗的摻入，但佛教之六道輪迴、因果報應、

諸惡莫作、眾善奉行等基本教義仍為其主流。

　　巫詩「木蓮花含苞嘆息／吐不出優雅芳香」，取木蓮花極其香郁，卻因亡國，所以也吐不出其優雅芳香，足見亡國之痛之深切；又因木蓮與台語「目連」音相近，取其音，足以讓人聯想到目連救母，營造命運悽慘之氣氛。

　　3、「解纜」：船從停泊處解開繫纜開行，意指被祖國遺棄，臺灣（或島民）的命運已由大海掌控，是生是死，是好是壞，未可猜度。

◎祖　國

未曾見過的祖國
隔著海似近似遠
夢見，在書上看見的祖國
流過幾千年在我血液裏
住在我胸脯裏的影子
在我心裏反響
呀！是祖國喚我
　　　或是我喚祖國

燦爛的歷史
祖國該有榮耀強盛
孕育優異文化
祖國是卓越的
呀！祖國喲醒來
　　　祖國喲醒來

國家貪睡就病弱
病弱就會有恥辱
人多土地廣博的
祖國喲　咆哮一聲
祖國喲　咆哮一聲

民族尊嚴在自立
無自立便無自主
不平等隱藏著不幸
祖國喲　站起來

祖國喲　舉起手
戰敗就送我們去寄養
要我們負起這一身罪惡
有祖國不能喚祖國的罪惡
祖國不覺得羞恥嗎
祖國在海的那邊
祖國在眼眸裏

風俗習慣語言都不同
異族統治下的一視同仁
顯然就是虛偽語言
虛偽多了便有苦悶
還給我們祖國

　　向海叫喊還我們祖國呀！

（日據時代日文作品／陳千武譯）

　　〈祖國〉寫對祖國之思念與要求其振作起來。期待那曾有燦爛歷史、榮耀強盛、優異文化的祖國趕快覺醒、振作起來，別把國土一塊塊的割棄，讓子民在異族鐵蹄下苟延殘生。

　　原作者銓釋：

　　1989 年《笠》同人，在作者寓所舉辦「台灣人的唐山觀 ── 兼論巫永福詩〈祖國〉」時，詩人曾指出：〈祖國〉這首詩是在一九三幾年林獻堂祖國事件時寫的。又說：我出生於日本統治時代，沒有受過清朝統治，心目中的祖國是唐山，文化上是漢唐，台灣河洛話是宋朝以前的普通語言，這些都不能否認，在日據時代台灣人的歷史觀就是如此。清朝初期，反清復明的口號是有的，但是林爽文之後的反清就不存在復明，而是希望自己能夠自主。清廷割讓台灣，日本人來台灣時，就有人想要成立「台灣民主國」，那時就產生獨立意識。台灣人在日據時代的政治運動，都是獨立思想。

　　詩人又說：我寫那首詩時，台灣人的力量很薄弱，無力推翻日本統治。早期台灣人的想法都比較偏向「自救」，因為教育未普及，思想水準不夠廣闊，與日本相去甚遠。但後期台灣人的水準已與日本拉近，甚至 1930 年代，台灣國民所得比日本還高。那時日本、台灣都是農業社會，日本稻米產一期而台灣卻產 2 期甚至 3 期，後來台灣留學生多了，智識程度愈來愈高，希望自主的傾向也日漸濃厚，這種自主的觀念就是獨立，這是自然產生的階段。

　　現在很多人講自決獨立，與日據時代或與清朝時一樣。被人家統治的時代，難免會產生反抗精神，要求獨立自主；因為這樣台灣人才沒有被滅亡。戰後的這種局勢，我們在血統、血緣上是無法否認與大陸的關係，我們自己也自稱漢人，但在政治上是可以分開的。主張美國獨立的也都是英國人。美國人可以由英國獨立出來，為何台灣卻不可以獨立出來？更何況台灣與大陸已相差太多了。

　　中華人民共和國沒有統治過台灣，我們只認同台灣是自己的國家。我們已經來台灣幾百年了，雖說現在已有往來，但是感情上還是有差別，祇剩下祖先同源了。（「台灣人的唐山觀─兼論巫永福詩〈祖國〉」，收錄於《詩與台灣現實》，《笠》詩刊社出版。）

　　該詩詮釋：

　　未曾見過的祖國雖僅隔一道台灣海峽，看似近卻又遠得走不到；夢見在書上看見的祖國，祖國傳承幾千年的血緣在我血液裏，思念祖國的心思住在我胸脯裏；在我心裏反響著，呀！是祖國在喚我，還是我在喚祖國，我早已分不清。

　　有著五千年燦爛歷史，綿延那麼長久的歷史，其政經、文化、科學、教育、軍事，理應有深厚造詣、蓬勃發展；祖國該有榮耀強盛，孕育優異文化。祖國是卓越的，呀！祖國喲醒來，祖國喲醒來。

　　國家貪睡就病弱，病弱就會遭受踐踏遭受污辱，人那麼多、地那麼廣的祖國，何以猶在沉睡，咆哮一聲，祖國喲，咆哮一聲，振作起來吧！

　　民族尊嚴在自立，無自立便無自主，不平等條約隱藏著

臺灣被殖民、被壓榨、被欺負的不幸命運，祖國喲，站起來，振作吧！

祖國喲，舉起手來就叫投降；祖國戰敗了就送我們去寄養，要我們負起亡國被踐踏的罪惡；有祖國卻不能呼喚其爲祖國，喚了就是對新主人的大不敬，是該死的罪惡，是該被拘禁的罪惡。祖國不覺得羞恥嗎？祖國在海的那邊，祖國在眼眸裏，在看得到的咫尺，但卻不能喚其爲祖國。

在異族的統治下，風俗習慣語言各不相同，血源親疏也有異，哪有可能人人一視同仁，平等對待；在異族的統治之下，主政者所聲稱的一視同仁，顯然就是虛僞的語言，不可能的事；異族主政者的虛僞多了，台灣人就會自被排斥、被歧視、被踐踏中覺醒，其內心自生不滿，而不滿累積多了便很苦悶，呼喚還給我們的祖國呀！向海叫喊著還給我們的祖國呀！人存在於不滿的外在環境，總會找尋寄託；因爲對日人統治的不滿而尋求寄託於遺棄台灣的祖國，雖畫餅充饑，亦聊勝於無。

字辭詮釋：

1、「在書上看見的祖國」：指大秦所統一的中國、漢唐盛世的文化中國。

2、「流過幾千年在我血液裏」：指文化中國傳承至作者身上。

◎自由的樹蔭下

抽著哲學性菸管

魔女啊！

製造事件隨心所欲
拘束我自由

抽菸管的魔女
抽走正義把毒煙噴出
藉口任意揮軍侵略中國
打落飛鳥建立大帝國

欲享大軍國野心
欲擁偉大無數榮譽心
欲抱遠東盟主虛榮心
製造大東亞共榮圈旗號

魔女呀！
把那一個一個裝入魔壺吧
抽著哲學性菸管
以自由民主繁榮的名義
征服我們的自由

（日據時代日文作品／陳千武譯）

　　〈自由的樹蔭下〉，寫對日本大東亞共榮圈的反抗，譏
諷其以自由民主繁榮的名義而行侵略、奴役之本質；只許州
官放火，不許百姓點燈之醜陋面目。
　　該詩詮釋：
　　抽著哲學性邏輯推理的菸管，沉溺在設計的謀略中，魔

女啊！妳隨心所欲任意的製造一些事件，卻因之而拘束我的自由。抽菸管的魔女呀，妳抽走正義之氣而卻把毒煙噴了出來，妳藉口妳的僑民被殺，只是藉口而已就真的任意揮軍侵略中國，妳把中國的飛機打下來，就建立起妳的東亞帝國。

日人欲享有大軍國的野心，就欲擁抱著偉大無數的榮譽心，然後也擁抱著遠東盟主的虛榮心，而後製造大東亞共榮圈旗號，征服大東亞，也奴役大東亞。

魔女呀，妳把那野心、榮譽心、虛榮心一個個裝入妳的魔壺吧。抽著哲學性的菸管，假借自由民主繁榮的名義，妳任意揮軍佔領了東南亞，卻征服了我們的自由，也限制了我們的自由。

字辭詮釋：

1、「哲學性」：指經過慎密設計之推演而有勃事實的情形，但卻又言之成理。

2、「飛鳥」：指飛機。

3、「大東亞共榮圈」：1943 年 11 月 5、6 日，日本在國會議事堂邀集滿洲國、菲、緬、泰等獨立國，召開大東亞議事會，通過大東亞共同宣言，揭櫫共存共榮、大東亞親和、繁榮、發揚大東亞文化。其理論：日本之戰爭目的在於自存自衛，並將亞洲從歐美的支配中解放出來以及建設「大東亞共榮圈」。（參考《新歷史教科書：如何教導日本侵略東南亞的歷史》蔡史君）

「大東亞共榮圈」對日本人是極有效率的動員意識型態，而其邏輯是無法讓日本擴張成為一個東亞帝國，日本勢必擋不住西方勢力的入侵，而日本的文明、精神、天皇都將

被消滅。

　　日本人相信他們侵略亞洲其他國家是自我保護，也是解救別人；如果亞洲其他國家不能醒悟，主動的與日本結成「大東亞共榮圈」，那麼他們終將成為西方資本主義、個人主義、自由主義之禁臠，因之日本有必要屈服其他亞洲國家而發動戰爭。（參考《恐怖的西方主義》楊照）

　　在亞太經濟合作會議（APEC）成立背景中敘述：亞太經濟合作之構想，係以日本提出之「大東亞共榮圈」為濫觴（參考《亞太經濟合作會議》吳學宗／簡子軒彙整）。惟有些人則認為日本之「大東亞共榮圈」政策，其實是殖民主義，日本推行之垂直式軍政統治及皇民化教育不僅未使東亞各國達到共榮，反將其推入戰火之中。

◎發呆的口哨

　　　快樂時吹口哨
　　　揮手快步走山路
　　　山翠鳥鳴也清爽
　　　然而煩惱茫然時
　　　口哨只向稻草人發呆
　　　田中草鳥也哀傷

　　　在異族逞威統治下
　　　渴望祖國的心無奈
　　　已成茫然自失的悲哀
　　　只有像枯燥暗灘的水

迴響在空間
發生夢幻的呼喚

言不由衷的失意走小徑
想吹自慰鼓舞的依稀聲調
消沉的口哨卻無力斷了
無動情又被腐蝕的體驗裏
口角洩漏出的弱聲無味
哨聲於虛無中慌失了

（日據時代日文作品／陳千武譯）

　　〈發呆的口哨〉寫吹口哨的時機，其一為快樂之時，所吹口哨，其聲昂揚；其二則為煩惱茫然時，所吹口哨，其聲茫然發呆。但在異族逞威統治下，快樂的哨音固然吹不出，而煩惱茫然的哨音竟也吹不出。此詩之哨聲，隱喻為意見之表達，在異族逞威統治下，閉嘴是上上策，否則會禍患無窮，甚至惹來殺身之禍。

　　該詩詮釋：

　　人在快樂時會因欣悅而吹著口哨，然後會揮手快步的走著山路，而此時四週的山嶺是青翠的、鳥鳴也是清脆的；然而人在煩惱茫然時，為解除其苦悶心情，同樣也會吹著口哨，但此時在哨聲裡只會投向呆立的稻草人，一如稻草人的茫然發呆，而所見田中的草鳥，其鳴叫也是哀傷的。

　　在異族逞威統治下，渴望著祖國的心，卻無法解除其思愁，令人深感無奈而結成茫然失落的悲哀，只有一如枯燥暗

灘的水迴響在空間裡，發出夢幻似的呼喚；沒有昂揚的意志與對生命的熱愛。

　　整天說著虛假的語言，而言不由衷失意的走著小徑，想吹吹口哨以自我安慰，吹著那依稀記得的鼓舞的聲調，卻吹來消沉的哨音，而且一下子就無力的中斷了，在無激動情緒又被異族腐蝕的體驗裏，口角裡洩漏出來的微弱聲音也是索然無味的，而口哨的聲音也於虛無中慌失不見了。

　　字辭詮釋：

　　「草鳥」：指麻雀。

◎權力不會賢明

　　　權力看來十分迷人標緻
　　　兼具功德與罪惡形象
　　　以及偉大與無道的面貌
　　　西太后不肯輕易放棄權力
　　　而演出八國聯軍入京醜劇
　　　弄權幽閉光緒帝改革後
　　　禍害人民命脈於不顧
　　　造成清朝亡國的結果

　　　台灣總督以獨斷律令
　　　掛上一視同仁假招牌
　　　偽裝愛民低姿態
　　　卻不賦予正義平等自由
　　　雖有評議會存在

　　只是門面的花瓶與自我方便

　　玩弄權力給台灣人看

　　　　　　　　　（日據時代日文作品／陳千武譯）

　　〈權力不會賢明〉，寫權力是正邪一體兩面的，兼具功德與罪惡，也是偉大與無道。該詩在譏諷台灣總督偽裝親民、愛民，其實不過是玩弄權力而已。

　　該詩詮釋：

　　權力看來不會是賢明的，權力兼具功德與罪惡的形象，以及偉大與無道的面貌，那都是正邪的一體兩面。在西太后不肯輕易放棄權力之下，就因而演出八國聯軍的入京，而西太后也倉皇而逃的醜劇了。慈禧太后玩弄她的權勢，幽禁了光緒帝，中斷其改革意志，不顧禍害人民的命脈，也造成清朝的亡國。

　　台灣總督以獨斷的律令掛上一視同仁的假招牌，偽裝成親民、愛民的低姿態；卻不賦與合乎正義、平等的自由。雖設有裝飾用的評議會，也只是裝飾充門面的花瓶與自我方便之門，那是玩弄權力的手段給台灣人看的而已；哪真有一視同仁、親民、愛民的心意。

　　字辭詮釋：

　　1、「西太后」：指滿清慈禧太后。「康梁變法維新」遭到以慈禧為首之保守勢力發動戊戌政變，殺害了戊戌六君子。兩年後，因極右派之義和團而激起八國聯軍攻打北京，慈禧倉皇的逃跑，她為時勢所逼不得不下詔罪己。

　　2、「八國聯軍」：義和團攻打外國公使館時，英、法、

美、俄、德、日、奧、義等八國兵船已聚於大沽口，準備援助在北京之各國官民。俟慈禧太后對各國宣戰，八國聯軍先在天津與清兵混戰，清兵死傷慘重，聯軍控制了天津；其後各國又陸續的增兵，而大舉北進的佔領了北京。慈禧太后倉惶偕同光緒皇帝及一班王公大臣共兩千餘人，狼狽的逃往西安避難；北京就陷入了無政府的狀態。聯軍入北京後無所不為的姦淫擄掠，其紀律很差。幸好東南各省督撫未奉行慈禧的宣戰令，反而相約互保外人，使戰火未波及該地區。（參考《八國聯軍》丁文吉）

　　3、「幽閉光緒帝改革」：指慈禧太后發動戊戌政變，幽禁光緒皇帝。在 1894 年清日甲午戰爭，清政府引以為傲之北洋艦隊被打得落花流水，因之驚醒了光緒皇帝，也驚醒了孫文、康有為等有志之士。康有為等維新派上書皇帝力倡改革，而光緒皇帝也急於力挽狂瀾。

　　光緒帝 19 歲時，慈禧太后也歸政予他；然慈禧雖避居頤和園，其心仍在宮中，大小政事光緒帝仍要赴頤和園去請示。光緒帝年輕有為，所接收之政權卻風雨飄搖，因之戮力革新，因此和康有為及皇帝老師翁同龢為主之改革派，便卯上慈禧太后為主的守舊派了。光緒帝在維新派激勵和變法圖強的企圖心驅使下，向慶親王奕劻表明：「太后若再不給我事權，我寧願讓位，不甘作亡國之君。」

　　慈禧太后聽到後，憤恨的說：「他不願坐這位子，我早就不想讓他坐！」但因光緒皇帝態度堅決，最後只好無奈表示：「由他去辦，等辦不出模樣再說。」光緒皇帝爭到一點點的行政權便積極展開變法，而於光緒 24 年 4 月 23 日頒發

了《明定國是》詔，揭開變法序幕。

　　光緒帝正式召見維新派人士，因之新舊兩派水火不容，政局陷於緊張。維新派的士氣大振，不免口氣大了起來，如光緒皇帝接見康有為的當天，康有為與榮祿在朝房不期而遇，榮祿見到康有為就冷嘲熱諷的逼問著：「一、二百年大法，說變就變得了嗎？」康有為理直氣壯的說：「殺幾個一品大員，法就變了。」氣得榮祿拂袖而去。

　　由於保守派大官大多是慈禧人馬，殺得了嗎？此為逞口舌之快而已。

　　康有為也很清楚不可剝奪舊官員的既得利益，他建議光緒帝，要變法須新人新政拔擢小臣，新政諸事交給他們；但舊有大官爺，不廢黜也不必盡撤舊衙門，只須增設新衙門，讓舊王公大臣照樣享受榮華富貴，就不會阻撓新政。可惜適時的讓步，並未得到應有的效果，反改革力量超過了想像，連早先主張引進洋務之張之洞，也主張祖宗之法不可變也不用變而反對新政；畢竟廢八股、廢書院、裁綠營、裁冗兵冗員冗衙門、禁婦女纏足，而要辦學堂、試策論、軍隊練洋操、洋槍、滿漢平等、廣開言論等變法內容，牽動太大，民間反彈聲浪也不少。

　　8月6日慈禧太后忍無可忍，下令把光緒皇帝押來聽訓：「天下是祖宗的，你哪來的膽敢任意妄為？眾臣子都是我精挑細選留下來輔佐你的，你哪來的膽敢棄之不用呢？竟然聽信叛徒蠱惑變更法典。」光緒隨即被軟禁。慈禧太后以皇帝名義宣布再度「訓政」，一週後，康廣仁、楊深秀、楊銳、林旭、譚嗣同、劉光第等六名維新派健將被斬於菜市口，後

人尊稱「戊戌六君子」；而康有爲、梁啓超師徒則在外國使館掩護下倖免於難，這年光緒 24 年，屬戊戌年，史稱「戊戌政變」。

　　「戊戌變法」從 4 月 23 日光緒發布《明定國是詔》起算，到 8 月 6 日慈禧發動政變共 103 天，所以又稱「百日維新」。（參考《從戊戌變法到戊戌政變》羅吉甫）

「戒嚴」輯

　　38 年中國國民黨撤退來台，中華民國以二二八、清鄉、綏靖，再加上白色恐怖，而以軍警、情特鉗制人民的思想自由；將一干對時局有怨言、有不同意見或被冤枉的醫生、老師、鄉紳、工人與學生等，不分老少、男女，或殺或下獄。被殺或下獄者，有些亦是不經審判的，既使經過審判，亦是封閉式之軍事審判。而剩下的台灣人成了驚弓之鳥，爲苟延殘喘而噤若寒蟬；沒有人敢捅二二八的蜂巢，也沒有人敢提二二八，更別說探究其真相、追究其原因了。

　　台灣人不敢侈言政治，轉而去發展經濟，以超時工作、勤奮作爲的去發展中小企業，這才造就台灣奇蹟；並以經濟發展，促進教育長足的進步，以獎學金或借貸，縮衣節食的提供子弟更好的教育，民智因之而大開。

　　由於民智的大開，除經濟自由開放外，部分人士承繼台灣民主運動先賢之腳步，繼而要求政治上之自由與開放，於焉而有黨外運動崛起，又歷經美麗島事件、解嚴、蔣經國去世，台灣的民主自由因之向前邁進了一大步。迄今台灣總統

直選已歷第五回合。

◎月　光

人生幾許四十年
四十年在奇妙理論的戒嚴下
猶如在大工廠的皮帶裏回轉
發生鈍重氣壓使我精神萎縮

史無前例的二二八事件慘痛經驗
真難在體內細胞中消化解除
伸縮不在的法律解釋使我憤激
猶使噴水在月光中暗淡不亮

為忘記國民黨政治陰險記憶
為忘記二二八事件家兄無故逃亡被捕
為忘記妹夫莫名的知情不報坐獄十年
為忘記美麗島事件多人受難的衝擊

熄燈在床獨看窗外
亮晶月亮幽悠投影
誘我惡夢的野獸咆哮旋轉
輾側難眠增苦楚

離開遙遠多災難忘的台灣
在這天邊一角茂林嚴客舍

指算日數回望那月光中的故鄉

該回去吧故鄉！擁抱吧故鄉

（1986.09 中秋於金山灣茂林嚴）

〈月光〉，寫對戒嚴 40 年的反抗，對二二八事件、美麗島事件的慘痛與受難無法忘懷。

該詩詮釋：

人生有幾個 40 年頭，台灣號稱民主自由陣營的一員，而其戒嚴令竟可在奇妙的理論下維持 40 年之久，並以軍警、情特監控人民的思想自由；戒嚴之罪在於控制人民的思想自由，阻礙政治、文化、教育之發展，猶如置身在大工廠的皮帶裏，來回不停歇的運轉著，發出鈍重的氣壓，壓得令人的精神萎縮。

史無前例的二二八事件的慘痛經驗，那麼多的台灣菁英的死傷，那麼多的學生、鄉紳，被羅織入罪，連作者兄長與妹夫亦被捕。作者對其家兄與妹夫之被捕，那令他憤怒、不安、不滿的情緒，雖想忘懷，卻真難在體內的細胞中去消化掉、解除掉。伸縮自如的、無所不在的法律，就只有當政者可任意的解釋，而這真使人憤怒；而那法律的解釋，就是不滿你就羅織你入罪，捕風捉影也可以。噴水雖在明月光中，仍然很是暗淡不亮，只因二二八事件的悲慘陰影揮之不去。

作者為忘掉國民黨政治陰險的記憶，為忘掉二二八事件其兄長無故逃亡被捕，為忘掉其妹夫莫名其妙的被以知情不報的罪行而坐獄 10 年，為忘掉美麗島事件多人受難的衝擊；而熄燈在床，獨自孤單的看著窗外的暗夜。亮晶的月亮，灑

下幽悠的投影，誘使作者噩夢連連，而那噩夢的野獸是既咆哮又苦楚的。

離開遙遠多災、難忘的台灣，在這天邊一角的茂林嚴客舍裡，以屈指算日，來此已多時了，回望那月光中的故鄉，不禁油然而生的起了鄉愁，該回去了吧，我的故鄉！擁抱吧，我的故鄉。

字辭詮釋：

美麗島事件：民主國家的選舉有發揮凝聚政策的功能，但因國民黨入台所實施的「地方自治」，只是「半自治」的型態，缺乏財政、人事、警衛、教育等權；而中央民意代表在 1969 年以前，格於所謂「動員戡亂」體制，完全不予改選。至 1969 年之後，雖修改「動員戡亂時期臨時條款」，也只是改選了國會裡極小部分的名額而已。因此儘管台灣有了選舉，但並未充分發揮凝聚政策的功能。不過，那種選舉卻仍有相當程度教育民眾的作用，尤其是在長期戒嚴與白色恐怖政治之下，人民平常沒有集會結社的自由空間，而選舉活動則提供在野異議人士一個「體制內」發言的機會，提昇民眾的政治意識，無形中為在野反對人士提供了一個民主運動場。歷經 70 年代初期多次選舉之後，逐漸的凝聚而形成一個民間政團，亦即「黨外」民主運動。

1978 年底的一場中央民意代表增額選舉，由於美國宣布將與北京中國建交並與台灣當局斷交而告中止。黨外候選人於選舉中止期間，擬擁民主運動前輩余登發為首，進行聯誼串連，不料國民黨統治當局以「知匪不報」為由，逮捕余登發父子，而引發一連串的抗爭行動。

　　1979 年上半年起，朝野間形成劍拔弩張之勢；在此緊張的氣氛中，「黨外」陣營兩本重要的雜誌分別創刊了。康寧祥主辦的《八十年代》雜誌，於同年 6 月間創刊，兩個月後，以黃信介為發行人、許信良為社長，而黃天福、呂秀蓮為副社長，張俊宏為總編輯的《美麗島》雜誌，也相繼的問世。《美麗島》雜誌以社委型式組成，實質上具有政黨的政治雛型，網羅全台各地的黨外人物。該雜誌在全台各大城市分別設立分社及服務處，每成立一個服務處，便展開群眾的聚會；而其一連串的群眾聚會，遂引起國民黨統治當局相當的敏感與不悅。

　　1979 年 12 月 10 日晚間，《美麗島》人士在高雄市新興區大圓環舉辦國際人權日紀念大會，吸引數以萬計的群眾參加。當「出發前往演講」的人群中，有人私自點燃火把，治安單位遂據此認定「持火把遊行」違背申請約定，於是開出鎮暴車，擺出鎮暴隊形包圍成大圓環，被圍在鎮暴部隊內的民眾人心惶惶的，終於釀成一場警民大衝突。

　　12 月 13 日清晨，警總採霹靂行動以「叛亂罪嫌」逮捕美麗島首要人員，當天警總檢查官並查封美麗島雜誌社及其各地服務處。

　　12 月 14 日警總行文立法院，經同意逮捕立委黃信介。其後警總又陸續逮捕相關人員約數 10 人。

　　1980 年 2 月 20 日，高雄事件在押人犯經軍事檢查官偵察完畢，其中黃信介、林義雄等 8 人以「叛亂罪」提起公訴；王拓、楊青矗等 37 人移送司法機關偵辦。

　　1980 年 2 月 28 日上午，林義雄家宅發生慘絕人寰的滅

門大血案！林母及其孿生女兒林亮均、林亭均慘遭不明身分兇手潛入家中殺害，大女兒林奐均被殺重傷，震驚海內外，使整個黨外運動在挫折中更跌入哀傷的谷底。

美麗島事件使得歷經 10 年艱辛凝聚而產生的「黨外」政團，在一夕之間幾乎土崩瓦解。但是這次的大搜捕卻也震動全島，許多過去不關心政治的民眾猛然驚醒；尤其自 3 月 18 日起為期 9 天的大規模軍事審判，引來媒體競相報導，更為臺灣民眾關心政治的熱度投下催化劑。

此案備受國際矚目，國際知名新聞媒體都派員來臺採訪；執政當局為表開明，對此次軍事大審的新聞採訪，不像以往作太多的限制與操縱，因此各大報皆以大篇幅充分的報導審訊過程。

每位被告在法庭上的答辯，經由報端披露，引起社會大眾對臺灣政治問題的思考。由於審訊重點不在「與軍警衝突」，而是提昇到「叛亂」、「主張臺灣獨立」的高政治層面，因此每位被告的答辯，都對臺灣的政治問題提出他們的「政見」，且充分顯露出關切臺灣前途之心情。經此次軍法大審與新聞報導，無異給臺灣民眾帶來印象深刻的「政治教育」。同時也引出一批學有專精的辯護律師，由於承辦案件使他們從幕後走到幕前，紛紛投入黨外運動，成為美麗島事件後黨外反對運動的名角，像謝長廷、陳水扁、尤清、江鵬堅、蘇貞昌、李勝雄、張俊雄、郭吉仁等人，使得短暫受挫的民主運動立刻換了新血，繼續出發。

1980 年 4 月 18 日，警備總部軍事法庭判決施明德無期徒刑，黃信介 14 年徒刑、姚嘉文、張俊宏、林義雄、呂秀蓮、

陳菊、林弘宣各處有期徒刑 12 年。

由於有這次的政治教育，使得翌年中央民意代表選戰中重新出發的黨外候選人，多能從挫敗中恢復元氣重新整合而進入新的階段。

1980 年底，恢復兩年前未完成的選舉。美麗島受刑人家屬中，姚嘉文之妻周清玉、張俊宏之妻許榮淑、黃信介胞弟黃天福分別高票當選立法委員及國大代表，康寧祥也高票連任。黃煌雄以及曾經於大審前為美麗島被告奔走張羅辯護律師的張德銘，也都當選立法委員。此外，美麗島被告的辯護律師尤清，也獲黨外省議員五票的支持，當選監察委員。由於受刑人家屬的高票當選以及辯護律師尤清的步上政途，鼓舞後來黨外選舉運動中受刑人家屬與辯護律師更多人的參選。反對運動的陣容增添了這一批新血，使反對運動的素質更加的提昇。

《美麗島》及其以前的民主運動訴求內涵，如為解除軍事戒嚴、國會全面改選、尊重人權、開放黨禁、開放報禁、開放旅行禁、言論自由、司法獨立、軍隊國家化等。6 年後，1986 年 9 月 28 日，「黨外」人士突破黨禁，組成民主進步黨；翌年，台灣解除戒嚴。（以上參考：《美麗島事件的回顧與省思》李筱峰）

美麗島事件屆滿 25 週年前夕，陳水扁總統在北縣立委選舉造勢場合中，細數民主先進突破禁忌改寫民主之路的艱辛。他說：美麗島事件被認為是「未暴先鎮」，是一個令人感動的日子，但主角不是受難的民主先進，而應該是追求民主、自由、人權的 2 千 3 百萬人民。對美麗島事件的意義，

陳總統認為，係讓民主更鞏固與深化，才有日後的開放籌組
政黨與集會結社自由，廢除刑法1百條、總統直選、公民投
票、政黨輪替，這些都是民主前輩犧牲奉獻的代價。

◎護　　牆

護牆內池畔倒影深沈幽麗
欲雨而止的黑雲飄入池底盪漾
強風吹來陣陣小波仍清晰可見
黑色草魚群猶在悠游東與西

黑色草魚搜尋舊牆主眼睛
那廣闊的額頭與那聰明清秀的面貌
似乎不知舊牆主死亡別去的慘情
不知哀痛的事故在台灣發生

死而不閉目的舊牆主於二二八時上街購物
不知何故被軍警挾持銃殺
擲入這冰冷池塘浮沈
家人經不起慘重打擊搬家他住

舊主人被埋在廢園墓碑淒然
雖經年任雜草繁生仍然高立
一群小孩不知悲哀故事
在牆外相互追逐遊玩歡笑

風止雲散護牆倒影又明亮
遙遠的青色山脈送風入幽沈池水
青秀新柳在陽光中飄搖引眼
廢園的墓碑不作聲不動搖猶在訴情

（1987.03.09）

該詩詮釋：

在護牆內，那池畔倒影深沈而幽麗的、還欲雨又止的黑雲，飄入到池底盪漾，即使是強風的吹來，在陣陣的小波中仍然清晰可見到黑色的草魚群，猶在悠游往東往西。

那黑色草魚搜尋著舊牆主的眼睛，搜尋著那主人到來餵食的眼神，搜尋著主人的那廣闊的額頭與聰明清秀的面貌；而黑色草魚似乎還不知道舊牆主死亡別去的慘情，似乎還不知道哀痛的事故曾在台灣發生過，猶在盼望著舊牆主的蒞臨。

那些含冤而死的，那些死而不閉目的舊牆主，在二二八時上街去購物，不知何故的就被軍警挾持鎗殺而後被擲入這冰冷的池塘裡，半浮半沈在水面上，而其家人經不起慘重的打擊，已搬家他遷，不知去向。

舊主人被埋在久已無人整理的荒廢庭園裡，墓碑顯得很是悽涼；但是，雖經年的任雜草繁生著，而墓碑仍然在昂然挺立著。一群小孩不知曾有悲哀故事在這裡發生過，曾有人冤死葬在這裡，而仍在牆外相互追逐，遊玩歡笑。

風停止雲散開以後，飄入池底盪漾的黑雲也不見了，此時護牆倒影又顯現出明亮，遙遠的青色山脈送風滲入幽沈的池水，青秀的新柳在陽光中飄搖，招引著過往者的目光，廢

園的墓碑默不作聲亦不動搖，猶自在訴說著當時的悽情。

字辭詮釋：

1、「護牆」：係雙關語，表大戶或鄉紳所居之寓所，亦表與世隔絕。

2、「草魚」：食草之魚，以青草餵食或自行覓食水中、水邊之草而存活；草魚在主人無法餵食時，猶能存活，表示該地荒蕪，滋生很多的雜草。

3、「草魚搜尋舊牆主眼睛」：係雙關語，表希冀舊主人餵食，亦表對舊主人之懷念。

4、「那廣闊額頭與那聰明清秀的面貌」與「不知舊牆主死亡別去的慘情」相對照：表二二八之悽慘。

5、「死而不閉目」：表含冤而死，亡魂有恨。

6、「一群小孩不知悲哀故事/在牆外相互追逐遊玩歡笑」：〈護牆〉在寫 38 年國民黨撤退來台，以二二八、清鄉、綏靖，再加白色恐佈，以軍警情特鉗制人民自由思想；將一干對時局有怨言、有不同意見或被冤枉的醫生、老師、鄉紳、工人與學生，不分老少男女，或殺或下獄。其下獄者，有些亦不經審判，即使審判亦是封閉式之軍事審判。剩下的台灣人成了驚弓之鳥，為苟延殘喘而噤若寒蟬；沒人敢捅二二八的蜂巢，沒人敢提起二二八，更別說評論二二八了，所以詩中才會有「一群小孩不知悲哀故事，在牆外相互追逐遊玩歡笑」之語。

◎祈　禱

橙紅的朝霞驅走夜夢

　　晨光映入玻璃燦然飛揚

　　喚醒小麻雀飛躍榕樹

　　吐出清新甜美空氣

　　使青翠路障在柔光安詳

　　增進我心安氣和境地

　　得忘記舊台幣四萬元兌新台幣壹元的憔悴

　　也暫時切斷家兄被捕友朋失蹤的噩夢

　　企望旭光安撫

　　還我精神健旺

　　使早晨的運動踏實安康

　　（註：家兄醫學博士巫永昌遭誣告被捕，友朋以知情不報失蹤。）

　　〈祈禱〉，寫三十八年國民黨撤退來台，在二二八、清鄉、綏靖中，將一干對時局有怨言、有不同意見或被冤枉的醫生、老師、鄉紳、工人與學生，不分老少、男女，或殺或下獄，讓受難者家屬生活在恐懼不安中，此為政治上之迫害；而舊台幣四萬元僅兌換新台幣壹元，則為經濟上之迫害，作者在政治與經濟的恐懼中，只得藉祈禱以求心靈的平靜。

　　字辭詮釋：

　　1、「得忘記舊台幣四萬元兌新台幣壹元的憔悴」：台灣在日據時代，通貨為台灣銀行券，係由株式會社台灣銀行代台灣總督府所發行的，與日本銀行券以 1 比 1 等值兌換。

　　1945 年國民政府接收台灣以後，進行掠奪式的統治，日本遺留之庫存物質及原料均被掠奪，將之運到大陸販賣謀利，如 42 萬 3 千噸樟腦移交以後，只剩下 4 百噸，而存糖有

數 10 萬噸全部不翼而飛；甚至於連工廠的設備也被拆卸成廢鐵賣往大陸，還向台灣礦主買煤礦，以每噸 5,500 元購進後，運送到上海賣 50,000 元，收購鹽每噸 11,000 台幣，售出是每噸 65,000 元。

1946 年 5 月 20 日將株式會社台灣銀行改組為台灣銀行，5 月 22 日由該行發行台幣（今稱舊台幣），9 月 1 日起台灣銀行劵對舊台幣以 1 比 1 兌換。

由於戰前台灣飽受戰爭摧殘，百業蕭條，電力、交通等設施被破壞幾殆盡；在農業方面，水利工程停頓、肥料短缺、農業生產銳減；在工業方面，因廠房設備橫遭轟炸而殘破不堪，無法生產；金融事業亦混亂，物價一日數變，貨幣嚴重貶值，國民所得低落，社會動盪不安，一切經濟建設處於停頓。又加 1949 年前後，大陸軍民遷台近 2 百萬，軍費支出龐大，財政困難，通貨膨脹更形嚴重，是年 6 月 15 日乃改革幣制，以舊台幣 4 萬元折換新台幣 1 元。

日本戰敗時，台幣發行額為 19 億 3 千萬元，在 1949 年中以舊台幣 4 萬元折換新台幣 1 元時，則已達 5,270 億元，另外又發行「即期定額本票」1 兆 2,900 億元，合計 1 兆 7,600 億元，由於政府濫印鈔票，台灣人的財產就變相的被掠奪了。

1950 年韓戰爆發，美國派出第 7 艦隊協防台灣並撥發美援給農復會運用，協助農業發展，台灣經濟狀況才日漸改善。（參考：《台灣天文歷史追溯》中研院天文與天文物理研究所/《台灣壽險業發展的歷史背景》新光人壽/《國民黨政權時代》三丰證券投資顧問公司）

因為基本上，由於政府無能濫印鈔票而造成通貨膨脹，

台灣人的財產就被變相掠奪，蒙受鉅額財富損失；所以作者感嘆著「得忘記舊台幣四萬元兌新台幣壹元的憔悴」，以示對當政者之不滿與無奈，並表示生活之艱困。

◎山　路

毛雨綿綿泥山路
山邊樹綠接溪埔
果農擔柑褲衣溼
雨停鳥飛滿谷蘇

泥路滑滑小心行
山風習習難思清
擔心路遠正午至
加緊按時可完程

送書獄友路上慮
以何言語堪告伊
而以何法可助救
因友言論穿囚衣

戒嚴四十年憂愁
淚送獄友探監秋
企望解除何時了
努力奮鬥不甘休

（1986.04.26）

〈山路〉寫對入獄朋友的關懷與協助，以及對解除戒嚴的企盼。

◎陰魂不散

四十年殘酷戒嚴中仍在繁榮的土地上
二二八事件的歷史傷口猶在社會裏流轉
儘管在國民黨政權施壓下喊天叫地不應
其陰魂仍在不死的土壤裏溫存著
而不忘二二八事件成根的草球潛藏活力
發出生命復活的堅強聲
那是燒不死壓不扁的求生聲音
那是亡靈因傷亡鄭重喊叫有力的聲音
雖然人類務實的聰明智慧暫時忍耐
二二八傷痕總要在歷史中明確定位
為此企求聖靈的和平大使必須降臨

（1987.02.26）

〈陰魂不散〉，寫對二二八事件，台灣人被辱蔑及台灣島歷史定位不明的不滿，以及堅持傳承二二八爭取民主自由的精神。

該詩詮釋：

在 40 年殘酷的戒嚴中，由於人民的睿智與勤奮促使台灣仍是一塊繁榮的土地。二二八事件的歷史傷口猶在社會裏流轉談論著，儘管在國民黨政權的統制施壓下，二二八受難者

與其家屬卻是喊天天不應叫地地也不回的,而二二八受難者的陰魂仍在不死的土壤裏溫存著、等待著機會,而忘不掉的二二八事件,那是成根的草球,潛藏著活力,發出了生命復活的堅強聲音,那是燒不死的、壓不扁的求生聲音,那是亡靈因傷亡,鄭重的喊叫,有力的聲音。

雖然人類務實的聰明智慧是暫時得忍耐下來的,二二八的傷痕總要在歷史中明確的定位,到底是叛亂,還是反暴政,還是爭取政治上的自由民主?而又是誰該負責,誰該認罪?為此企求聖靈的和平大使必須降臨,快快來彌縫二二八的傷痕,讓台灣再也沒有暴政、再也沒有恐懼,大家都能和平相處、快樂安詳。

字辭詮釋:

1、「其陰魂仍在不死的土壤裏溫存著」:溫存表不死,不死與溫存均表不毀滅,亦即其反抗暴政之精神仍然延續、不間斷的,仍在等待機會俟機活動。

2、「而不忘二二八事件成根的草球潛藏活力」:成根的草球,指二二八事件造成的果實;潛藏活力指暫時隱忍活動力,俟機再行動。

◎攏是你害的

因為你缺乏道德勇氣
不去爭取應得待遇與權利
被平白欺負侮壓
致使大家至今猶在怨嘆
你該瞭解

中國的執政者相當霸道
伊不習慣民主法治
講理替人民設想
因為中國歷史少有民治思想傳統
總是為保持自己的特權
所以應該站起來要求民主自由

理直氣壯啊
不屈不撓文明一起來
弄權的人才會給你一點點
不會平白好禮送你
打拼吧
絕對有成

（1989.08.20）

〈攏是你害的〉寫鼓舞爭取自由民主。

該詩詮釋：

因為你缺乏道德勇氣，你不去爭取應得的待遇與權利，才被平白的、一毛錢也不花的就可以欺負你、就可以長期的侮辱、壓迫你，致使大家至今猶在怨嘆，這裡沒有民主自由。你應該瞭解，中國的執政者是相當霸道的，伊不習慣講民主法治、講公理、替人民設想，因為中國歷史少有民治思想的傳統，當政者總是為保持自己的特權，而禁錮民主自由的聲音，置人民福祉於不顧，所以大家應該站起來要求民主自由。

既使理直氣壯的，但若僅以溫和的方式求取、不屈不撓

的抗爭，那麼玩弄權勢的人只會給你一點點的民主自由而已，他絕不會免費的送給你大禮，而人民的自由民主也不會驟然的一大步的邁向前去，而如果是以血汗去打拼的話，那絕對會是有所成就與收穫的。

字辭詮釋：

「中國的執政者」：指中國國民黨主導的政府。

◎天安門

在天安門廣場我看到
青年學生示威喊話
卻無鎮暴部隊　無拒馬　無噴水車

在台灣總統府
說是禁區不准群眾示威喊話
有鎮暴部隊　有拒馬　有噴水車伺候

天安門
經過壹個月青年學生佔駐廣場後
李鵬、楊尚昆終於採取平定行動
坦克戰車出場鎮壓、銃殺、掠人
於是六四慘案發生

在台灣總統府
台灣人說猶如二二八慘案重演
李登輝說：要盡力聲援

　　李煥說：民主潮流擋不住

　　邵玉銘：暴政必亡

　　六四慘案共產黨說

　　是國民黨搗亂，人民無傷亡

　　猶如二二八慘案國民黨的說謊

　　是共產黨搗亂人民傷亡輕微卻不敢發表真相

　　共產黨與國民黨都是說謊高手

　　國民黨發動學生聲援六四慘案

　　卻冷却二二八事件

　　因之台灣人民反應冷淡

　　但台灣人民還是關切民運人士的安危與前途

　　　　　　　　　　　　　　　　　　（1989.06.05）

　　〈天安門〉，寫諷刺兩岸政府對人民抗暴的血腥鎮壓，並都誣指係對方滋事所致；二二八時，國民黨指稱係因共產黨的蠱惑；六四時共產黨則指稱係國民黨所鼓動。

　　該詩詮釋：

　　在天安門廣場，共產體制的國家，我看到有青年學生在示威喊話，卻無鎮暴部隊的駕臨，無拒馬的圍堵，無噴水車的待命以水射人。

　　在台灣總統府，民主體制的國家，說府前廣場是禁區，不准群眾示威喊話，還有鎮暴部隊駕臨鎮壓、拒馬圍堵阻擋、噴水車以水柱擊人伺候。

　　天安門，經過 1 個月青年學生的佔駐廣場以後，李鵬、楊尚昆終於採取平定行動，出動坦克戰車鎮壓、槍殺、捉人，於是六四慘案發生。

　　在台灣總統府，台灣人說在天安門的六四慘案猶如台灣的二二八慘案重演。李登輝說：要盡力聲援青年學生的反暴，爭取民主自由。李煥說：民主潮流是擋不住的。邵玉銘說：暴政必亡。

　　六四慘案後共產黨說謊，說暴亂是國民黨搞亂，人民並無傷亡；猶如二二八慘案國民黨說謊，說二二八是共產黨搞亂，人民傷亡輕微，但卻不敢發表真相。

　　共產黨與國民黨都是說謊高手，國民黨發動學生聲援六四慘案，卻冷卻二二八事件真相之追查，因之台灣人民對二二八的反應冷淡，但還是關切民運人士的安危與其前途，足見其心中仍是支持爭取民主自由的。

　　字辭詮釋：

　　「六四慘案」：指天安門事件。由於中共權力向上集中，領導的濫權腐化；投資失控，經濟制度不良，通貨膨脹嚴重。

　　於 1989 年 4 月 15 日胡耀邦逝世，北京大學出現悼念胡耀邦大字報並呼籲民主改革、反貪污、反官吏。17 日天安門廣場出現悼念胡耀邦而進行示威抗議的學生逾萬。18 日中共禁止悼念胡耀邦，引發學生的遊行，北京高校數萬人在人民大會堂前靜坐抗議並提出七點要求。19 日學生突破中南海的警界線，高呼李鵬出來；在深夜，警方強力的驅散新華門前的學生，引發更大規模抗議活動，各地學生紛紛響應。21 日包遵信等 47 名知識份子發表公開信致中共中央，要求聽取學

生的意見。23 日北京臨時學生聯合會召開，決意罷課，上海、南京跟進。25 日鄧小平在家聽取趙紫陽、李鵬、陳希同等人匯報學潮事情，鄧稱這不是一般的學潮，必須旗幟鮮明反對動亂。27 日學生發動了中共建政以來最大規模的示威遊行，並衝破警界防線，國務院於是答應對話。

　　5 月 2 日萬名大學生在上海的街頭遊行，並在上海市委前靜坐示威，要求新聞自由，取銷遊行限制。4 日趙紫陽在會晤亞銀理事及代表團團長時表示，學生對於貪污及中共的缺失所表現的不滿不是沒道理，學生仍擁護共產黨、擁護改革。13 日抗議政府拖延，數千學生絕食。

　　5 月 16 日鄧小平在上午會見蘇聯戈巴契夫，下午中共總書記趙紫陽與戈巴契夫會面時表示，目前中共仍由鄧小平掌舵，該會晤後來被認定為「洩漏國安機密罪」。17 日中共政治局委會在鄧小平家舉行，鄧提到在北京市區戒嚴；趙紫陽稱有個人困難並請求辭職。18 日決定在 20 日零時北京市部分地區戒嚴。19 日中共召開黨政軍幹部大會，楊尚昆、李鵬講話把動亂改為暴亂；趙紫陽於凌晨到天安門廣場探望學生，學生報以熱烈掌聲，絕食學生進食並宣佈停止絕食。

　　5 月 20 日中共公佈戒嚴令，軍隊奉調入京、電視台和主要新聞媒體軍管，學生指揮部再次宣佈絕食，並有二十萬學生加入，百萬民眾湧上街頭，香港也舉行大遊行支持學生。21 日鄧小平等八位中共元老在鄧家開會，批評趙紫陽不適任總書記並討論總書記的繼任人選。22 日北京學生與軍人發生了流血衝突，北京市民組織軍隊入城。23 日學生與北京民眾，包括幹部、軍警、新聞、司法各行業，舉行戒嚴後最大

規模示威，外電宣稱有兩百多萬人，當時廣場統一指揮部由柴玲任總指揮。30 日學生在天安門廣場樹立「民主女神」像。

6 月 2 日解放軍在北京火車站操練展示實力，一輛軍用車因在市區飛馳造成三死一傷，激起民憤。3 日數萬部隊凌晨進入市區，開向天安門，被百萬群眾圍堵後撤；武裝部隊在西單及新華門向群眾發射催淚彈，並強力救出被困的軍隊和軍火武器。

6 月 4 日凌晨數十萬解放軍攜帶重裝備武裝入城，血染天安門；民主女神像被拆。

學生被迫撤離，具體死傷人數至今無統計公開（註：中共官方說法，有 2 百多人死亡；美國政府解密文件指出死亡人數超過 2 千 6 百人，7 千人受傷。）。

6 月 6 日中共國務院發言人在北京召開記者會，將六四慘案指為「反革命份子」與解放軍發生衝突，謂死亡民眾「罪有應得」。包括英、法、瑞士等國對中共施以經濟制裁。24日以「支持動亂、分裂黨」罪名，撤銷趙紫陽中央委員總書記中央軍委會第一副主席之職。

「六四慘案」，讓執行開放政策的趙紫陽一派被鬥垮，保守勢力重新抬頭，新領導班子形成，其妥協意味明顯，而開放路線受阻；中共屠殺學生及民運人士，招致四十年來最嚴重的國際譴責。（參考：中共外交政策書面報告）

◎總統府

放著四十年無放的屁
解嚴了覺得無所顧忌

愚昧的阿火笑嘻嘻
大步去參觀巍峨的總統府
左看右看在門前被威武的警衛押走
說是違反國安法
總統府是禁區

單純的阿火摸不著頭腦
為什麼所尊敬的總統府
巡巡看看也不行
於是對警衛腳踢手打
猶如喪家狗放聲大哭
被送警察局留置
教訓教訓

五日後阿火垂著頭
走出街頭放屁
露出憤怒的臉歪著嘴
在路上噴一口水
從遠處仰看總統府高聳的塔
投射一個敵意眼光
作鬼臉

（1989.08.09）

〈總統府〉寫：雖然台灣解嚴了，總統府依然門禁森嚴，探頭探腦的人就要被警衛架走，與解嚴前並無二致；隱喻法

令上已解嚴，然政府與社會在心態與作為上均未解嚴。主政者與人民之間對解嚴之認知落差極大，仍以軍警憲特控制人民的言行，當事者仍以高姿態動不動就是抓人警告而非以人民作主之姿，以人民福祉為依歸，以博取人民之擁護，加強其對國家、政府之向心力，徒遭人民的反感與不滿。

該詩其實是在寫總統府前廣場的群眾示威，其爭民主、爭自由、爭人民作主之抗爭，包括總統直選、二二八賠償條例、廢國民大會、反核等，係將人民之意見嗆聲給當政者聽到之作為，而並非單純的一個阿火的巡看總統府。

該詩詮釋：

放著那憋了 40 年不敢放的屁，解嚴了覺得無所顧忌了，可以暢所欲言了；愚昧的阿火笑嘻嘻的大步的去參觀巍峨的總統府。他左瞧右看的，在總統府門前就被威武的警衛押走了，說是違反了國安法規定，總統府是禁區，禁區內不得左瞧右看、探頭探腦。

單純的阿火摸不著頭腦，為什麼人民作主的時代，到所尊敬的總統府去巡巡看看也不行，於是他不服氣的對警衛腳踢手也打，並且絕望的猶如喪家犬放聲的大哭起來，這下子就被送進警察局留置，教訓教訓了。

關了 5 日以後，阿火喪氣的、低垂著頭走出街頭去放屁，他露出憤怒的臉、歪著嘴，在路上噴了一口鄙視、不屑的口水，他從遠處仰看總統府高聳的塔，投射給它一個敵意的眼光，並且作了作不服氣的鬼臉。

字辭詮釋：

1、「屁」：係聽了令人不快、聞了令人感覺很臭之意，

引喻為所爭所言盡為當政者所不喜聽者。詩中有二「屁」，前一屁係對戒嚴 40 年不滿的宣洩；後一屁係對當時的時局，雖已脫下解嚴的外衣，很多的法令與政府的心態仍依循戒嚴時期的作法並未同時進步的不滿的宣洩。

2、「放聲大哭」：指悲憤申訴，將鬱積的不滿以語言宣洩出來。

3、「噴一口水」、「一個敵意眼光」及「作鬼臉」：均為不服、鄙視、厭惡之意。

4、「從遠處仰看總統府高聳的塔」：表敬而遠之，不敢親近之意。

◎我的影子不孤獨

我企首的影子不孤獨
四十多年來帶著
二二八悲慘巨大的歷史傷口
與眾多犧牲者的怨魂
親人朋友共識
不斷徘徊在台灣上空
凝視台灣美麗山河
存在於每個角落
抱著不屈不撓的信心
日夜要求有所行動
以消仇恨
以縫傷口
建立和平

我憤怒而不孤獨的影子

每每多刻骨提醒不要忘記

要縫補二二八慘痛歷史傷口

這傷口使台灣倒退好多年

大家連心呼喚官定為和平紀念日

連手建議建設和平紀念堂

以堅定的意志與愛心

不准當局再繼續說謊

信心就是力量

啊！親戚朋友

來吧！我日夜呼喚

向你招手

〈我的影子不孤獨〉寫以愛心與關懷看待二二八，建請官定二二八為和平紀念日，並建設和平紀念堂，消弭二二八以來受難者及其家屬對慘劇之仇恨。

該詩詮釋：

我企首的影子不孤獨，40多年來帶著二二八悲慘巨大歷史傷口，與眾多犧牲者的怨魂，親人朋友大家有志一同不斷徘徊在台灣上空，凝視台灣的美麗山河，存在於每個角落。這已是大家的共識，抱著不屈不橈的信心奮鬥、等待，日夜要求有所行動的表示，用以消除鬱積多年的仇恨，縫合二二八傷口，建立和平。

我憤怒而不孤獨的影子，每每都刻骨提醒自己不要忘記

二二八事件的悲劇，要縫補二二八受難者及其家屬慘痛的歷史傷口，那傷口使台灣精英死的死、關的關，其他的人嚇得不敢再多言，而讓台灣民主倒退了好多年，大家心連心呼喚官定二二八為和平紀念日，連手建議建設和平紀念堂，以堅定的意志與愛心不准當局再繼續的說謊：說二二八是暴民、是共產黨蠱惑、說只死了一丁點的人。信心就是力量，啊！親戚朋友。來吧！我日夜呼喚，向你招手。

字辭詮釋：

「縫補二二八慘痛歷史傷口」：1945 年 8 月 29 日國共第一次談判，同日國民政府任命陳儀為台灣省行政長官；9 月 7 日陳儀兼任台灣省警備總司令；11 月 17 日陳儀公佈「人民團體組織臨時辦法」，命令所有人民團體，自即日起停止活動。

日本公管制度頗佳，陳儀也繼承之；但其手續煩雜、費用多，品質又惡劣，使得煙販不得不賣黑市洋煙。1947 年 2 月 27 日，台北市有一賣私煙的寡婦被公賣局查緝人員打傷送醫後死亡，當場圍觀民眾也被槍死 1 人。

次日，許多台灣民眾為此事而在台北市結隊遊行、罷市，群眾聚集在陳儀公署前，衛兵為此開機槍掃射，當場打死了 3 人。其後引發全省的連鎖反應，到處有人反抗外省籍人士的統治，而部分外省人士也因之被殺。

當時有不少知名人士出面組織「二二八處理委員會」想要和平解決；而陳儀表面安撫抗爭人士，一面與大陸聯絡請求支援。3 月 6 日高雄和平請願人士也赴高雄要塞請願，被彭孟緝部下殺了不少。3 月 8 日下午大陸軍隊到達台灣，一

上岸見人就殺。

　　「二二八事件」使台灣許多菁英分子，不論是否參與此事件的，皆被納入黑名單，陸續被殺害，處理委員會成員更是少有倖免的，據稱被殺者達 1 萬餘人。其後更實施「清鄉計畫」，密告、嫁禍、羅織、公報私仇等更是屢見不鮮，且全台皆有，直到 1947 年底才告結束。但隨之而來的卻是 40 多年的白色恐怖時代。（參考《國民黨政權時代》三丰證券投資顧問公司）

　　「縫補二二八慘痛歷史傷口」：指縫合二二八事件，那些台菁英及部分外省人士被殺、被關的慘痛歷史傷口，讓和平與愛在我們的社會滋長。

◎烏嘴筆仔多嘴

　　嬌小膽弱的烏嘴筆仔
　　穿一身茶灰色衣棠配大烏色嘴筆
　　在野林茅簇裏東藏西藏
　　說為避警總嚴密的視線

　　多嘴常常造成可怕的不幸
　　說是造謠
　　為匪宣傳、挑撥離間、分離意識
　　或祭出尚方寶劍以「叛亂」拘捕法辦

　　敏捷可愛小小的烏嘴筆仔
　　不管警總

在山野自由自在就事論事

浮燥地東翔西飛

多嘴唧唧唧

使警總束手無策，查噤牠的嘴

（1985.06.15）

　　〈烏嘴筆仔多嘴〉寫警總以監視、拘捕，動不動就以造
謠、為匪宣傳、挑撥離間、分離意識、「叛亂」等罪名拘捕
法辦，而控制人民的言論；可是烏嘴筆仔（黨外人士）不怕
警總的控制，仍躲在山野自由自在，就事論事，浮燥地東翔
西飛，多嘴的唧唧唧的予以傳播宣揚，使警總束手無策，就
查噤牠（黨外人士）的地下刊物，讓它再也叫不出聲來。

　　該詩詮釋：

　　嬌小脆弱的烏嘴筆仔，穿一身茶灰色衣棠，配上大黑色
嘴筆，在鄉野山林的茅簇裏東藏西藏的，說是為了避開警總
嚴密的視線。

　　提起戒嚴下的警總，人人都自危，在那個時代多嘴的人
常常造成可怕的不幸，被說成造謠、為匪宣傳、挑撥離間、
分離意識或祭出尚方寶劍以「叛亂」罪名，予以拘捕法辦。

　　敏捷可愛的、小小的烏嘴筆仔，不管警總的監視，仍在
山野自由自在的、不逢迎、不拍馬屁、不歌功頌德的，所有
的談論都就事論事。有時為了台灣的自由、民主，民主鬥士
被拘被殺而浮燥地東翔西飛，多嘴的唧唧唧叫著傳播，到處
去宣揚，使警總束手無策，就查噤牠的嘴巴，讓它再也叫不
出聲。

字辭詮釋：

「查嗹牠的嘴」：指查禁其語言、傳播、文字撰述的自由。

◎台灣話的悲哀

日本人曾以強力的馬鞭驅策

要台灣人讀日文書、學日本話

因為台灣人是被遺棄的存在

一張條約使咱不得不屈服

猶如割下來被擲掉的文字

以日文為國語的教育要咱忘記是台灣人

不學日本文不講日本話不行

可是台灣人卻不會忘記

要講台灣話也學漢文

大戰後大陸人又以強壓手段

不作雙語教育要台灣人學國語北京話

因為台灣人是被統治者

他們不認同台灣欺負台灣人

雖說是同胞卻以戒嚴四十年

維持他們的政權要咱忘記是台灣人

而不教台灣的語文、台灣的歷史

這都是外來人帶來的悲哀

大陸人說要與台灣民眾在一起

他們卻不學台灣話講台灣話

又說大家要和諧要團結

為什麼不講台灣話來和諧與團結

這都是故意編織的囡仔話

最後又以分離意識唬人

台灣話是台灣人的母語你說奇怪不奇怪

（1987.03.11）

〈台灣話的悲哀〉寫對台灣人不能講母語 ── 台灣話的抗議。

字辭詮釋：

1、「以強力的馬鞭驅策」：指執行高壓政策。

2、「囡仔話」：騙不了人、唬不了人的小孩子的話。

「台灣」輯

◎不老的大樹

記不清何年何月何日就有

挨過好幾萬萬個漫長日子

挨過村裏無數生死苦樂悲歡

老樹就在廣場扎根好生蒂固

成為一叢常青快活不老的大樹

看過村上好幾代人家的老死生別

不知不覺地悠然茂枝大展
不斷喚風呼雨招雲霜雪
張開綠色的大傘喜陽舒暢
伸出數不盡的氣孔毛細管呼吸

在陽光下枝葉分佈涼影蒼蒼
時而發出陣陣風騷沉悶
時而與雲對話遊戲自慰
時而猶如吸乳霖飲雨水
而與陽光的笑容尋求歡欣

村人在老大樹下恭敬地蓋了
可愛的土地公廟掛紅布燒香
小孩們打鞦韆大人拉胡弦
白髮的老公們悠悠交膝抽菸講古
滿面皺紋的老阿婆看搖籃補衫

繁茂粗壯的老樹有神般的尊嚴
在因應多變的天候中驕傲自立
看鳥仔們在枝幹歌唱築巢傳代
看有趣的寄生植物在懷中生長
大樹搖枝飛吻顯示他自強自享

（1975.11）

參考資料：

1、〈台灣壽險業發展的歷史背景〉新光人壽

2、〈中台世界 —— 中台植物〉網路

3、《台灣常見樹木解說手冊》台灣省農林廳林務局

4、《詩與台灣現實》《笠》詩刊社

5、〈新歷史教科書：如何教導日本侵略東南亞的歷史〉蔡史君

6、〈恐怖的西方主義〉楊照

7、《亞太經濟合作會議》吳學宗/簡子軒彙整

8、《八國聯軍》丁文吉

9、〈從戊戌變法到戊戌政變〉羅吉甫

10、《美麗島事件的回顧與省思》李筱峰

11、《台灣天文歷史追溯》中研院天文與天文物理研究所

12、〈國民黨政權時代〉三丰證券投資顧問公司

13、《中共外交政策書面報告》網路

（2005.02.10 成稿／刊笠 250 期～251 期 2005.12～2006.02）

詮釋白萩《自愛》詩集中女人、愛與性之詩四首

　　見過白萩幾次，那已是 30 年前的往事。那時的白萩，個子不高，微微中廣，自己當廣告公司老板，談吐風趣自信，詩作早已響叮噹。如果沒有記錯的話，那時我亦曾為文推介過他的作品；30 年前，我就曾推介過許多詩的作品，如非馬、李魁賢、李敏勇、趙天儀等。

　　白萩於 1990 年 3 月，由笠詩刊社所出版的《自愛》詩集詩 50 首，其中可歸類為〈女人、愛與性〉之詩題幾達三分之一，如〈雨夜〉、〈藤蔓〉、〈或者〉、〈無題〉、〈仙人掌〉、〈昨夜〉、〈牽牛花〉、〈這是我管不了的事〉、〈突然〉、〈漂浮〉、〈無止無盡〉、〈重量〉、〈病了的〉、〈夕陽無語〉及〈廣場〉等，其詩多情細膩婉約、觀照敏銳不俗、用語簡單隱喻。以下詮釋其詩作 4 首，藉之可見其一斑。

◎雨　夜

當雨傾瀉似流浪的人
走遍黑暗中不知所去的街道
我們躺下，在屋內，在床上

在深深陷入猶如墓穴之中
靜聽它們低低的呼喊

這裡，我們眼光對著眼光
軀體糾纏著軀體，在床上
以赤裸和壓力
彼此，深深的祈求進入對方之中。

而當，因疲倦而分開
便突然又驚覺
整個太平洋冷漠的橫跨在我們
中間，充滿無奈與陌生

唉，走遍黑暗中不知所去的街道
當雨傾瀉似流浪的人

該詩詮釋：

　　當雨勢斜斜的自空中又急又大的下來，四處奔竄不知所終一如流浪人之時，（我）走遍不知通向何處的街道，方駐足在隱蔽的窮街小巷、簡陋孤寂、人跡少見，猶如我葬身之地的墓穴之中；我們躺下，在屋內的床上，靜靜聽著做愛的興奮、衝動、探索、撞擊、慾求、需索、滿足，因之而發出不自覺的呻吟與呢喃。

　　在這裡，我們二眸相凝，恣意汲取對方的慾求，我們的軀體相互的、緊緊的勾纏、摟抱成一體；在床上，我們裸裎

做愛，上下的壓力、口唇吮吸著、器官撞擊著，（我們）因觸覺快感被喚醒、被搔癢而貪婪的希冀著更強烈、更深入的碰觸，以滿足那癢而還要更癢的悸動、快感與需索。

　　而當我們因疲倦而分開，我們便突然的又驚覺到，那冷漠橫跨在我們的中間，直如太平洋那麼樣的寬廣，而令人感受到充滿了無奈與不相識的陌生感。鴻溝在妳我之間，你是一個個體，我也是一個個體，我們互不相屬。

　　唉，走遍黑暗中不知所去的街道，當雨傾瀉而下，（我）猶似流浪的人。

　　字辭詮釋：

　　1、「傾」：指傾斜；「瀉」：指水由上急速往下流。「傾瀉」：指雨勢斜斜的、自空中又急又大的而落下。

　　2、「當雨傾瀉似流浪的人」：指當雨勢斜斜的、自空中又急又大而落下，那種四處奔竄不知所終的情景，一如流浪人；其實亦在指流浪人如傾瀉的雨不知何去何從。

　　3、「不知所去的街道」：指不知通向何處的街道。

　　4、「深深陷入」：指外在的妓女戶藏在隱蔽的窮街小巷、簡陋孤寂、人跡少見。而內在的指流浪人在靈與肉上強烈的依賴與寄託。

　　5、「墓穴」指孤寂之地或葬身之所。

　　6、「低低的呼喊」：指做愛的興奮、衝動、探索、撞擊、慾求、需索、滿足，因之而發出的不自覺的呻吟與呢喃。

　　7、「眼光對著眼光」：指臉相對，眸相凝，以恣意汲取對方的慾求。

　　8、「軀體糾纏著軀體」：指軀體相互緊緊的勾纏摟抱著。

9、「赤裸和壓力」：指軀體的裸裎、上下的壓力、口唇的吮吸、器官的撞擊。

10、「深深的祈求進入對方之中」：指器官碰觸器官，其觸覺的快感被喚醒、被搔癢，而貪婪的希冀更強烈更深入的碰觸，以滿足癢而更癢的悸動、快感與需索。

11、「整個太平洋冷漠的橫跨在我們中間」：指冷漠橫跨在我們中間，直如太平洋那麼樣的寬廣，無所相屬。

12、「無奈」：指無可奈何，非如此不可的；「陌生」：指不相識或不熟悉。

◎藤　蔓

妳睡成滿床藤蔓
在夢中
依然緊緊的纏繞著我
看來那麼柔弱
需要別人的扶持

而海在遠處叫著我
她的懷裡有廣大的自由
是的，妳的寢室是我的死牢
而不眠的夜鳥
責備我背叛了天空

我醒著觀察妳
想著妳總需別人的扶持

如果妳再沾染了別的體臭
那才叫我發狂

唉，還是讓妳纏繞著吧！

該詩詮釋：

妳睡成滿床的籬蔓，在夢中依然緊緊的勾纏摟著、抱著我，看來如同需要別人的扶持一般的那麼樣的柔弱。

而海在遠處叫著我，她的懷裡有廣大自由；是的，妳的寢室是我留戀甘願被禁錮以至於死亡的牢房，而不眠的夜鳥責備我背叛自由自在的天地，甘願被拘禁。

我醒著看著妳、觀察著妳，想著妳總是需要男人的愛；就因為妳需要男人的愛，如果妳還去沾染別的男人的體臭，與其做愛，那麼對具有獨佔慾的我來說，與人分享才真是一件叫我發狂的事。

唉，還是讓妳纏繞著我吧！讓妳享有我這個男人的愛吧！讓我把愛滋潤妳吧！

字辭詮釋：

1、「滿床籬蔓」：指（妳）是滿床攀爬在我四肢、身軀的藤蔓，亦即（妳）以手腳緊緊的勾纏摟抱著我、（妳）是緊緊的夾住我身體的籬蔓。

2、「依然緊緊的纏繞著我」：指依然緊緊的摟抱著、勾夾著我。

3、「扶持」：指攙扶支持，亦即拉手或挽手以協助站立起來，有協助、幫忙、支持、支援之意，此處指男人的愛。

4、「妳的寢室是我的死牢」：指妳的寢室是我最留戀而甘願被禁錮，以至於死亡的牢房。

5、「責備我背叛了天空」：指背叛了自由自在的天地，甘願被拘禁。

6、「如果妳再沾染了別的體臭」：指如果妳再與其他的男人做愛。

◎或　者

或者夾在懺悔錄
或者夾在日知銘
初戀像一隻蝶屍
偶然悄悄的掉下

妳彎腰
拾在手中觀賞
笑笑
無所謂的還我

然後埋頭補好背心
篤定地將我套入
且自在地看我
把蝶屍又夾進回憶錄

該詩詮釋：
或者是夾在懺悔錄裡，去懺悔著的初戀，或者是夾在日

知銘裡，日日思念的初戀，那種初戀都像一隻乾了的蝴蝶屍體，偶然會秘密的、沒有聲響的掉下來，讓人陷入那時的情景，也不禁的回憶起那個時候的情景。

　　妳彎腰把我的初戀拾在手中觀賞、笑了一笑的，然後老神在在的、無所謂的還給我，妳在心裡想著：夫妻是同甘共苦的同林鳥，而初戀只不過是青春痘，過了青春期就水波無痕了。

　　然後妳低頭補好背心，篤定地將背心套在我的身上，且自在地看著我無奈的把蝶屍又夾進了回憶錄裡。夫妻是同甘共苦的同林鳥，而初戀只不過是過往的青春痘！過了青春期就水波無痕了，去思念初戀還能怎樣？諒你也不敢有其他的作為！

　　字辭詮釋：

　　1、「懺悔錄」：指記載悔過的日記本或簿本。

　　2、「銘」：係文體之一，古代常刻銘於碑版或器物，或以稱頌功德或以申鑑戒，後成一種文體。「日知銘」指每日經由所思、所見、所聞而得到之啟示記載。

　　3、「蝶屍」：指死了的蝴蝶屍體；「悄悄」：指秘密的、沒有聲響的。

　　4、「觀賞」：指細看欣賞；「無所謂」指無關緊要、不在乎、不在意、老神在在。

　　5、「埋頭」：指低頭。

　　6、「補好背心」：指家境貧寒，連背心破了都要縫補了再穿，暗指夫妻是同甘共苦的同林鳥。

　　7、「篤定地」：指深深確定的。「篤定地將我套入」指

深深的、很有把握的把補過的背心套在我的身上；意指將我
緊緊的攫住、捉住、套牢、擄獲，讓我不得脫逃或受到外界
的引誘。

　　8、「自在地」：指閒逸安適地、無所驚悸的，不在意的。

　　9、「回憶錄」：指回想往事的記錄簿。

◎無　題

畢竟我也是

和你一樣

床燈捻熄了

瞭解如何開始

彈鍵樣的手

在我身上

只要彈一下一個音符

我就瞭解妳的歷練

這點，妳以前的

某些男人最瞭解

現在，我們透過溫柔

在激烈地巷戰

這點，那些

離開我的女人也最瞭解

瞳孔在黑暗中

慢慢地看到了輪廓

或許，我們該躺下來

點上一根香菸

想想妳我的往昔……

該詩詮釋：

畢竟我也是和你一樣很熟稔的、自發性的；床燈捻熄了就知道該如何的開始進行，那一步一步進展的調情與做愛。

妳修長、富情感、善撫摸按壓的手，足以傳達出深情蜜意之手在我身上滑動著，只要彈一下一個音符，我就瞭解妳的經歷老練了。

這一點，妳以前的某些男人最為瞭解了；而現在的我們，正透過溫柔在激烈地進行著短距離的肉搏戰。這一點，那些離開我的女人也最瞭解了，現在的我們是正在做什麼事。

瞳孔在黑暗中慢慢地看到了輪廓，那幻象消失了，一切都變成真實與現實的了，或許我們該躺下來的，點上一根香菸靜下奔騰的慾望與情緒，好好的想想妳我的往昔……。

字辭詮釋：

1、「捻」：指以二手指搓揉；「熄」：指火滅。

2、「彈鍵樣的手」：指修長、富情感、善撫摸按壓的手，足以傳達濃情蜜意之手。「彈」指用手按鍵彈弄；「歷練」指經歷老練。

3、「巷戰」：指兩軍短兵相接於街巷中作戰。

4、「瞳孔」：指眼珠中的小孔；「輪廓」指事情大致上的情形。

（2005.11.26 成稿／刊笠詩刊 254 期 2006.08）

詮釋曾貴海《台灣男人的心事》詩五首

　　曾貴海 1946 年生於屏東佳冬客家庄，混有客家、平埔及河洛血統，高雄醫學院醫學系畢業。著有《鯨魚的祭點》（1983）、《高雄詩抄》（1986）、《台灣男人的心事》（1999）、《原鄉・夜合》（2000）、《南方山水的頌歌》（2005）、《孤鳥的旅程》（2005）、《神祖與土地的頌歌》（2006）等。曾獲吳濁流新詩獎及賴和醫療服務獎。高雄市綠色協會創會會長。現為文學台灣雜誌社社長，鍾理和文教基金會董事長。

　　曾貴海愛以人的生存做夢，綠色之夢「衛武營公園」於焉成形，雖其誕生仍遠，但絕非虛無。他以從事綠色運動的經驗，認為文學運動應向四面向再行出發：第一、向文學深度與廣度的魅力出發；第二、向國家文學主體性出發；第三、向台灣學術殿堂出發；第四、社會回饋文學運動。因其信念與主張而促成「財團法人文學台灣基金會」成立並辦理台灣文學獎。（節自鄭炯明《夢與真實的告白》）

　　曾貴海生於屏東佳冬鄉，自小迷戀農村泥土香味與大自然美色，孕育其人文特質，導引他走向文學並關懷社會。曾

貴海中學時嗜讀文學作品並嚐試創作，在高雄醫學院加入校
內詩社，從青澀醫學生活挖掘文學，從文學體認人性及生命
的價值與意義，從文學創作思索關照人類孤寂的靈魂。其人
文素養讓他審視人世間有形、無形的生命形式及存在的姿
勢，於是除關注內心世界外，也逐漸把焦點移向周遭社會及
自然界。……對他而言，人及其生存的世界都是生命體，值
得畢生追尋其價值與意義，珍愛並敬重各種有形、無形的生
命形式，包括大自然、人類、土地、國族、社會、文學、藝
術、親情、愛情等，因之又激發其正義感與同理心，而對世
間不合理現象提出批判。（節自江自得《珍愛與敬重》）

　　《台灣男人的心事》分 2 輯，第 1 輯收錄 22 首，第 2
輯收錄 53 首。本文依序詮釋第 1 輯〈鄉下老家的榕樹〉、〈感
覺 1〉、〈人間〉、〈造神運動〉及〈向平埔祖先道歉〉共
五首。而〈向平埔祖先道歉〉一詩，先後收錄於《台灣男人
的心事》（1999）及《神祖與土地的頌歌》（2006），本文
採後者之版本。

◎鄉下老家的榕樹

　　你不能動
　　只好把滿枝綠葉
　　偷偷伸進老家的窗櫺
　　風動
　　搖響你的心意

　　我四處遊蕩

偶而老遠回來

攜帶思念上樹

躺臥在童年棲息的枝幹

讓你摸摸看看

七月裡，你仍擋出一大片蔭涼

招引幾隻夢蟬

呼喚童年玩伴的乳名

你也算是我曾祖母的後代

當兄弟姐妹朋友們離散

你陪伴老家

天天站在那邊等我們

一九八七、四

該詩詮釋：

　　你有固守老家的情義，而你又不能移動你的腳步行走，只好把滿枝綠葉偷偷的伸進老家的窗戶，時時探望主人是否回來了；而風一吹動的，就搖響了你思念的淒淒。

　　我四處放蕩的閒遊，偶而從甚遠的地方回來，就會攜帶思念爬上樹，躺臥在童年曾棲息過的枝幹上，讓你用手摸摸、用眼瞧瞧，看看外頭的風霜是讓我變胖還是變瘦。在七月裡，你仍擋住大太陽遮蔭出一大片的陰影和涼快，招引來幾隻常迴於我夢中的蟬兒，呼喚著我童年時玩伴的小名，連帶的使我憶起他們，而惦念他們平安否。

　　你也算是我曾祖母的後代了，當兄弟姐妹朋友們一一的

離鄉背井奔波在外，你陪伴著老家天天站在那邊等著我們倦遊歸來，認同是曾祖母的後代。

字辭詮釋：

1、「你不能動」：如係出於本意的，則有固守老家之情義，如非本意的則有無奈之意；以全文觀之，此處宜以前者解之。「你不能動」，對照第 2 節「我四處遊蕩」及第 3 節「當兄弟姐妹朋友們離散」，有襯托出其固守老家之情義。

2、「老家」：係原來之籍貫所在，指祖先長久居住之地或自己幼年居住成長之地。

3、「窗櫺」：指窗戶；「風動」指風的吹動；「搖響」指因搖動而產生的淒淒響聲。

4、「遊蕩」：指放蕩閒遊不做正經事。

5、「老」：指極或甚，「老遠」指極遠、甚遠。

6、「上樹」：指爬上樹幹。「躺」指身體平臥以舒展；「棲息」指休息。「摸摸」指以手輕觸；「看看」指以眼觀察。

7、「蔭」：指樹在陽光照射下所形成的陰影；「涼」指涼快，溫度稍微偏低而不覺得寒冷。「夢蟬」指常迴於夢中之蟬；「乳名」指小名。

8、「後代」：指往後的子子孫孫，亦即後世；「離散」指離開分散；「陪伴」指為伴侶。

◎感　覺

秋日清晨
醒來已是盛開的玫瑰

像許多豔麗的姊妹
不知道為什麼地在地球綻放了
只有風輕輕的搖曳著她
在人們情念的視野

一隻闖入的手
以被刺的染血的手指
強烈的摘握她
玫瑰從生與死的夢中
駭然驚醒

盛開，只為那人
凋謝，也為了那人

一九八七、五

該詩詮釋：

　　在秋天的清晨，醒來已是一朵開得很茂盛的玫瑰花了，就像許許多多嬌豔美麗的姊妹們，不知道為了什麼原因的在地球上吐放花蕾，只有風輕輕的搖曳著她，把她暴露在人們本能的慾望視野之下。

　　一隻突然闖入的手，以被花刺刺到而染血的手指，強烈的握住摘取她，玫瑰花從短暫的生與死的夢中駭然的驚醒了。

　　難道玫瑰花的盛開只是為了那人類而已，而凋謝也是為了那人類，就不許我有自由的意願嗎？

　　字辭詮釋：

1、「秋日」：指秋天、秋季；「盛開」指開得很茂盛的樣子；「豔麗」指嬌豔美麗；「綻」指花蕾吐放。

2、「搖曳」：指飄蕩的樣子；「情念」指人性本能的一種欲望。

3、「闖」：指突然的進入。「被刺的」指被玫瑰花刺到的；「染血的」指染著血的。「強烈的」係非常猛烈或十分的顯明，此處指前者。「摘握」指握住摘取；「駭然」指驚惶的樣子。

4、「凋謝」：指樹葉枯落或老年人死亡了。

◎人　間

大部分時候
我都不被認為是人

書
筆
苞放的花
掠空的鳥

既然不被認為是人
我又何必堅持活在
人造的世界

一九九四、四、五

該詩詮釋：

　　大部分的時候，我都不被認爲我是一個人，我只是人以外的東西而已。

　　有時我是 1 本書，有時我是 1 支筆，有時我是 1 朵含苞待放的花，有時我只是 1 隻從空中斜拂而過的鳥，就從不曾被認爲是 1 個人。

　　既然我從不曾被認爲是 1 個人，那麼我又何必堅持活在人爲施作的世界上呢。

字辭詮釋：

1、「認爲」：指認定、認可。

2、「苞放」：指含苞待放；「掠」指斜拂而過，「掠空」指從空中斜拂而過。

3、「堅持」指固執一定的意志而不移；「人造」指人爲的施作。

◎造神運動

一九九六年春
總統大選日的午夜
台灣安安靜靜地進入催眠的夢鄉

蔣家父子的陰魂
當夜被趕進錯愕的歷史
台灣人民用選票
糊造另一尊新神

無視於黑金的血光

把權利交給神
把台灣的未來
交給神
完成人民應有的責任
然後，回到孤獨的地球邊陲
祈福

台灣，您將往何處

我清清楚楚地聽到
土地與人民精神內部模糊的囈語
母胎內未出生的嬰兒
追問人間的母國與真相

一九九六、四、二十六

該詩詮釋：

1996 年春天總統大選日的半夜裡，台灣被人民作主自由選舉總統的順利成功所催眠了，而安安靜靜的在陶醉中進入了夢鄉。

蔣家父子死後的靈魂，當夜被趕進倉卒驚訝多變的歷史裡，結束了強權政治，不幸的是，台灣的人民也用選票糊造了另一尊的新神祇。

新神祇雖無視於黑社會份子、財團與金錢之干預、把持政務政事對國家社會之重大斲傷，人民仍把權利交給新神祇、把台灣的未來交給新神祇。人民以為投了選舉總統的票，

就已完成人民應盡的責任了，然後退到地球的邊境孤獨的祈福著，等待著新神祇的治理，而福氣自此降臨。

　　台灣，您將往何處去，是自由民主與富強，還是沉淪與毀滅。

　　我清清楚楚的聽到台灣的土地及其人民，在其精神內部模糊的夢囈話語，仍在媽媽肚子裡未出生的嬰兒追問著人世間裡台灣的真相，問其母國是否爲中國或者並無所謂的母國？

　　字辭詮釋：

　　1、「午夜」：指半夜。「催眠」指利用暗示的方法使人精神集注於一點，因之毫無反抗的進入睡眠的狀態；「夢鄉」係夢中的世界，指入睡。

　　2、「陰魂」：指死後的靈魂；「錯愕」指倉卒驚訝的樣子；「糊造」指草草製造而成的。

　　3、「黑金」：原指石油的礦源或石油；此處之「黑」字則指黑社會份子，「金」則指財團、金錢，而「黑金」則指黑金治國。其不當在於以黑社會及財團來治國，那麼每個人將向暴力及金錢看齊，則國家將無公理與正義存在，而社會則道德淪喪敗壞、每個人都崇尙暴力、脅迫、動刀動槍，其對國家社會之斲傷，莫此爲甚。而國家社會亦將因之沉淪、毀滅。「血光」指斲傷、傷害；「邊陲」指邊境。

　　4、「模糊」：指不清楚；「囈語」指說夢話；「母胎內」指仍在媽媽的子宮裡；「未出生的嬰兒」指仍在媽媽的肚子裡，尙未出生的嬰兒。

　　5、「母國」：係僑居外國的人稱其本國，此處指台灣的

祖國是否為中國或者並無所謂的母國，如無所謂的母國，則
是否應重新站起來，讓人世間承認其為獨立的國家。「真相」
指本來的樣貌。

◎向平埔祖先道歉

人類史上曾經出現過的族群
台灣平埔，我們的遠祖
完全從平原消失了

只能由人類學的研究報告
嗅探某些河洛客家後代
雙眼皮下深邃的眼神
存在過的幽遠靈魂

三十多年前，最後一隻梅花鹿
被獵殺
你們再也不必躲藏在構樹下
互相追逐

阿立祖的祖靈
飄遊空中
日夜尋找荒涼聚落的公廨
盛滿椰殼瓶壺的清水
洗滌靈魂
失落的子孫

誰也不認識祂

月光遍灑大地的夜晚
看不到多情的麻達（註）
手持鮮花柳葉
吹鼻蕭彈口琴
鼓動原野的蛙聲蟲鳴
撥亂少女熱烈的情火
輕輕的壓垂地面柔順的草床

春天的刺桐
仍然孤獨的宣告播種的季節
樹上的鷦鷯淒卜微細的幽鳴
樹冠頂火燄般的紅花
不就是五百年來
平埔命運的血花嗎
每年春天，在枝頭暗泣

失去了人種的標記
溶化成我們不明的部份
血源基因潛存的傷痛
母系社會絕後的哀愁
當我們凝視台灣大地時
幽幽的湧出亡族的悲歌

　　我還能從文獻上感知

　　沾血的雙手

　　尚未冷卻的餘溫

　　當台灣人還沒有真誠懺悔

　　有些人必須站出來

　　向共同的祖先道歉

　　愧疚的深深的道歉

　　刺桐花再度召喚族人時

　　請牽手呼應

　　讓花朵認出純潔善良的平埔後代

　　穿越血淚歷史的迷障

　　再生的新台灣人

　　　　　　　　　　　　　　一九九八年十一月

　　　　　　註：麻達，平埔未婚青年。

　　該詩詮釋：

　　人類史上曾經出現過的種族 —— 台灣平埔族，我們的遠祖，完全的從地球上消失了。

　　（我們）只能由人類學的研究報告裡，嗅探出某些河洛、客家的後代了，而在其雙眼皮下那深邃的眼神中仍留著曾經存在過的平埔幽遠靈魂。

　　30多年前，在最後的一隻梅花鹿被捕捉殺害，台灣平埔族再也不必躲藏在構樹下互相追趕，學習獵殺的技能，因為平埔已被消滅殆盡了。

宇宙至高的神 ── 阿立祖的祖靈，在空中飄泊遊蕩著，日夜尋找著已荒涼的村落裡的公廨，而那公廨原係平埔未婚青年居住之地，也尋找著那椰殼瓶壺裡盛滿的清水以洗滌靈魂；失落的子孫卻誰也不認識祂了。

月光到處散落在大地的夜晚，看不到多情的麻達手持著鮮花柳葉，吹著鼻簫、彈著口琴，鼓動了原野的蛙聲與蟲鳴，挑開了少女熱烈情愛之火燄，輕輕的壓垂了地面上溫柔而和順的草床，自由的戀愛呀，自由的牽手呀。

春天的刺桐仍然在孤獨的宣告著播種的季節，而樹上的鷦鷯淒卜微細的幽鳴，樹枝頂端火燄般的紅花，在每年的春天都在枝頭暗泣著，那不就是 5 百年來，以平埔族命運的血所灌溉而成長的血紅之花嗎？

平埔族失去了人種的標記，整個的被消滅了，卻溶化成我們不是很明顯的一部分了：因為平埔血源基因的滲入而存在了的傷痛，因平埔母系社會沒有了後代的悲傷憂愁。當我們目不轉睛的注視著台灣的大地時，幽幽的湧出了因平埔種族的滅亡而悲哀、淒涼的歌聲。

我還能從文獻上感受知道的，那消滅平埔族的劊子手尚未冷卻的餘溫，而平埔族的受難只是不久以前的事。當台灣人還沒有真誠的悔改，認知平埔祖先，有些人必須站出來向共同的祖先道歉，要自覺慚愧內疚的深深的道歉。

當再以刺桐花開為年，再度召喚族人時，請手牽手相呼應，讓花朵認出我們都是純潔善良的平埔族後代，穿越過血淚斑斑的，被中國統治者扭曲教育的，不明不白的歷史的迷障與阻隔 ── 復活為新台灣人。

字辭詮釋：

1、「平埔」：台灣人類史起源非常的久遠，其文明不亞於中國的中原，而其最早的原住民，依照荷蘭人所稱分爲平埔番或熟番。明、鄭、清時，漢人渡海來台，平埔或因改姓或因漢番混血而從父姓，因之自稱爲漢人或河洛人，然而溯本求源的，「平埔」仍爲現住河洛和客家的共同祖先，迨無疑議的。（詳見補充說明）

2、「人類」：係人之總稱，「人類史」指人類的歷史。「族群」指同一種族。「遠祖」指高祖、曾祖以上之祖先，引申爲很早以前的祖先。「平原」指廣大平坦的地域，此處喻指在地球上。

3、「研究報告」：指爲獲得學術原理或解決問題而進行的探究活動。「嗅」指用鼻子吸氣以辨別氣味，「探」指搜求、尋找；「嗅探」指辨識、尋找其輪廓。「深邃」指深遠；「眼神」指眼中之神韻；「幽遠」指深邃的、深遠的。「獵殺」指捕捉殺害；「追逐」指追趕。

4、「飄遊」：指飄泊遊蕩。「荒涼」指地方荒廢而顯得淒涼冷清，「聚落」指許多人家聚集在一處所形成的村落，「公廨」詳見原作者註（三）；「荒涼聚落的公廨」指荒廢、淒涼、冷清的適婚青年所住的小屋相聚集形成的村落。「洗滌」指用水將不潔的地方清除去；「靈魂」指人之靈性與精神，或指人死後依然存在的幽靈；「失落」指遺失、掉掉了。

5、「遍灑」：指到處散落。「鮮花」指新鮮的、採擷不久的花；「柳」係落葉喬木，三、四丈高，枝條細長下垂，枝幹烤成炭後可爲習畫之筆。「撥亂」指挑開鼓動；「情火」

指情愛之火燄。「壓垂」指由上而下加以重量，使之下垂。「柔順」指溫柔而和順；「草床」以草地爲床舖。

6、「播種」：指散佈種子；「鷦鷯」係鳥名，又稱巧婦，其身體有細小橫斑，呈黑褐色，體形小而有尖嘴巴。「樹冠頂」指樹枝的頂端。「血花」指以血灌漑而成長之花；「暗泣」指秘密的、私底下的。

7、「人種」：指人的種類，可分黃、白、黑、椶、紅等五種。「標記」指記號。「血源」指具有血統關係之至親；「潛存」指因滲入而存在。「絕後」指沒有後代子孫；「哀愁」指悲傷憂愁；「凝視」指目不轉睛的注視；「幽幽」指深遠的樣子；「亡族」指種族滅亡；「悲歌」指悲哀凄涼之歌聲。

8、「文獻」：指一代典籍及文化之保存，引申爲專指典籍文章制度之資料。「感知」指感受知道；「沾血的雙手」指劊子手；「尙未冷卻的餘溫」指尙存在的、未消失的、未死亡的。「懺悔」指悔過、改過；「愧疚」指自覺慚愧而心中內疚。

9、「牽手」：指拉手、挽手；「呼應」指觀念意志相投合而應合之；「迷障」指迷失、困惑，難以分辨且有障礙阻隔之意，暗指被蒙蔽而不明真象。「再生」指復活、重生。

補充說明：平埔

台灣人類史非常的久遠，1969 年在台東長濱八仙洞曾發現舊石器時代晚期的網形文化，而在苗栗大湖鄉的伯公隴也發現類似的文化遺址，距今約 1 萬至 1 萬 5 千年。已故中央研究院院士張光直《中國南方的史前文化》指出：東南亞地

區、華南，已被現代學者普遍認為是古代人類史上農業起源的中心之一，1964、65 年於台北縣八里鄉發現的大岔坑繩紋陶文化遺址，加上美國耶魯大學的塚田松雄 1964 年於南投日月潭採集湖底污泥的標本，以碳素 14 所進行的古代花粉分析研究，台灣的史前繩紋陶文化，可能是在 1 萬年前，係屬於新石器時代晚期文化。此外在八里鄉十三行址，距今約 2 千至 4 千年出土的文物，證明當時的住民已有煉鐵、煉礦的技術，而東海岸鐵器文化距今 1 千至 1 千 4 百年。

　　惟就台灣文化遺址及出土文物來推論，幾乎無一項可確證與台灣現住的 13 族高山原住民有關。從遍怖全島近 5 百處所的遺址與超過 2、3 萬件的出土文物，再加上八里鄉大岔坑、台東長濱等多件舊石器晚期，長達 1 萬年以上的文化遺址來看，台灣真正的原住民，如非荷蘭時代所稱的平埔番、熟番，則遍及全島豐富的出土文物究竟何來就很難破解了。

　　既然人類史遍佈全台，那麼既使有重大的天災、瘟疫及戰禍等，當時的住民 —— 平埔番、熟番，也不可能一下子就全不見了。

　　但事實上，卻是平埔番、熟番已從人間蒸發不見了；而現住人又自稱為河洛人，係唐山過台灣的，其中有無蹊蹺？

　　從血統來看，淡水馬偕醫院醫學研究科研究員林媽利醫師，在 2001 年間針對 167 位台灣的閩南、客家人及 75 位的屏東、新竹的客家人等的 2 項血液分析研究發現：台灣閩客與中國南方的少數民族（如歷史上的閩越族、貴州布依族）及東南亞地區的新加坡華人、泰國華人、泰國人與越南人，在 台 灣 人 常 見 的 組 織 白 血 球 抗 原 類 型 （ HLA ）

A33-B58-DRBI*03 所佔的比率極爲接近，且其基因頻率的距離相近，因之推斷台灣的閩南、客家之祖先並非北方的漢人，而與東南亞的南方民族較爲接近，可見其祖先並非來自中原民族，而應是南方民族的後代。

　　日本大阪醫科大學教授暨遺傳學會會長松本秀雄　1985 年出版《日本民族的源流》，對世界人種基因群的研究資料發現，自稱漢人的台灣閩南擁有南方系基因群 Gm afb3st 爲 0.762，比台灣原住民族群的 0.643 高出 0.119；另外台灣閩南人的北方系基因 Gm ab3st 爲 0.002，又遠低於台灣高山族原住民的 0.047，顯見台灣閩南人擁有的北方漢人血統相當的稀薄。

　　再就語言來看，日據時代人類學者金關丈夫認爲，當時部分熟番與福建人在人種、語言上相近，卻與當時的漢人差異較遠，並認爲台灣原始民族的種族特質，多屬「南方古蒙古人種」，而原住民應該是「原馬來亞人系統」。

　　在荷蘭統治文獻熱蘭遮日記記載，當時荷蘭人帶兵攻打彰雲地區的華波浪平埔番，都帶著福建的閩南人當通譯陪同；此證明福建閩南人的語言與當時的熟番有部分是相通的。而從語言系譜分類上（不考慮受漢語影響分）也可以發現到閩南語系，在太平洋環島地區是屬於南亞語系（Austro-Asian），與越南、泰國及緬甸類似；另一支語系爲環太平洋地區的南島語系（Austro-Nesian），台灣高山族原住民語、馬來語及玻里尼西亞語、夏威夷群島等地屬之，由此若說台灣的人種屬於中原漢族，實在很牽強。

　　另就「河洛」一詞來看，日本駒澤大學教授許極墩考證，

認係源自福建客家人對閩南人的稱呼,而其正確語詞應爲福佬而非河洛;他亦發現河洛一詞自 1954 年光復後才出現,首見於吳槐《河洛語叢談》,其後有葉毓齋、吳本立響應使用。

美國耶魯大學教授托尼(Tony)在研究荷蘭統治台灣時,極關注統治者如何克服語言障礙與住民溝通,他提出的假設性結論認爲:當時台灣熟番所講的語言應是福建閩南語。

台語學者吳國安則認爲:平埔番、熟番因融入閩南人的社會而消失的族群,他們才是台灣社會最早的原住民;把閩南人稱爲河洛是錯誤的,據他的研究,17 世紀荷蘭殖民台灣時期,以古荷蘭語將台灣熟番(平埔族)稱 Formosan,音省略轉而爲 Foro(河洛)。(以上整理《台灣人的身世》/太魯閣族 2004.06.03 發表《台灣史與基因比對呈現的台灣人圖像》)

原活躍於全台的住民 —— 平埔番、熟番不見了,而自稱是唐山過台灣的河洛人又非中原漢人,此應如何的解說呢,高雄醫學院神經內科主任發表《台灣與西太平洋島嶼南島語族之健康問題》研究報告指出,台灣現住人口高達 88%,其血統和現住中國大陸的中國人是截然不同,係因講河洛話及客語者長期接受中國統治者的扭曲教育,而常以漢族、中國人而自居的,然其體內的組織抗原「HLA」或粒線核酸和純正的中國人截然不同,係介於中國人和原住民之間的,此證明台灣人大都是漢番通婚的子嗣。

另據荷蘭人的統計,當時的原住民已有 15 萬至 20 萬人,而漢人才 1 萬。鄭滅荷後,雖鼓勵並輔導移民,然因台海凶險難予跨越,因之漢人口僅增至 12 萬人而已。1683 年清滅

鄭，清深恐中國人滯台將來會反攻，因此把他們全都遣回中國了；而其中躲過被遣送回國而逃走者約 1 萬人，這些人可能已與平埔族通婚或係混血的後代。

　　滿清知道尚有漏網之魚，因之實施嚴格海禁 48 年，女子尤不准出海，目的在使殘留台灣的中國羅漢腳不得不和平埔族女子結婚，否則會絕後；因之中國人在台灣自然被消滅掉了。

　　且此後的 20 幾年間裡，海禁仍時開時禁的，兼又傳說有女同行易翻船，因之渡海來台者幾全都為男性。

　　話雖如此，清在 1811 年統計在台漢人有 2 百萬人，平均每年移民 6 千多人，竟比鄭政策性鼓勵時增加的還多，顯然其統計是把有漢姓者都認為是炎黃子孫，而不管其係漢人、番族改姓或漢番混血而從父姓者。

　　再從荷蘭時原住民就有 20 萬人，人口成長率按 1%的低標準估計，經 371 年其人口應有 8 百萬人；但據內政部統計，平地和山地原住民各僅 10 幾萬人而已，其他的 7 百多萬及其配偶和子孫又何在？難道會毫無來由的從人間蒸發掉的嗎？不會的，此種數據正好說明高醫的研究，不管是河洛或是客家，現住的台灣人，大都有原住民的血統，也印證古諺「有唐山公無唐山媽」的所言不虛了。（以上整理《美國台灣公論報》／沈建德博士 1996.5.15《你是中國人？驗一驗再說》）

　　　　　　　　　　（2005.12.8 成稿／笠 252 期 2006.4）

詮釋曾貴海《孤鳥的旅程》詩四首

◎歸巢雀鳥

回巢的雀鳥群
每隻都帶著一天的故事
跳躍枝葉間
爭相炫耀鳴放

幾棵大樹沾滿夕暮
安靜的分享
直到最後一聲鳥鳴

該詩詮釋：

回到巢裡的雀鳥們，每一隻都帶回了這一天裡牠的經歷與體驗，牠們跳躍在枝椏之間，爭相的誇耀著搶著發言報告。

幾棵大樹沾滿黃昏的金黃斜暉，安靜的分享著麻雀們這一天的經歷與體驗，直到最後一隻鳥講完牠今天的生活體驗。

該詩以雀鳥之動與大樹之靜、以聒噪與靜聽、以爭相炫耀鳴放與安靜分享相互對照並求得協調與統一，沒有任何「人」的價值觀與意識的存在，屬無「我」之境，短短兩節

反而營造出大自然萬物之和諧共存境界。

字辭詮釋：

1、「巢」：指鳥築於樹上或草叢或屋瓦間之住處，有者係以草與羽毛等輕軟物為之，有者係以細樹枝橫豎架於枝椏間，有者編織成袋子樣，不一而足的，均為其休憩安息之所。「回巢」指回到巢裡，亦即回到其所築之家休息。「雀鳥群」指麻雀群，惟此處似宜泛指鳥類；依筆者童年鄉村生活體驗，麻雀最喜愛築巢於弧形拱起的瓦片空隙中，既防風雨又頗安全的，所以南部地方將之稱為「厝鳥仔」。

2、「故事」：指已發生過去的事。「躍」為跳，「跳躍」亦指跳。

3、「爭相」：指相互競鬥、相互爭取；「炫耀」指誇耀。「鳴」指顯揚於世或蟲鳥之發聲，「放」指發出；「鳴放」此處指鳥之鳴叫。

4、「沾滿」：指接觸外物而惹來全身外表都是此物。「夕」、「暮」均指天將黑，太陽快下山之時，係同義字之合辭，亦即黃昏之義。「分享」指一齊擁有、共同享用。

◎從樹國回城‧樹鳥

　　觀察人的行徑

　　判斷入侵的企圖

　　傳送警戒的呼叫

　　從一棵樹跟蹤到另一棵樹

　　直到人們離開

　　林間才恢復平靜

該詩詮釋：

（鳥）觀察人的一舉一動，判斷其入侵的意圖，大聲嚷叫著傳送加強防備的信號；而從這一棵樹跟蹤到另一棵樹的緊緊的跟隨著，以窺探人們的行為舉止，是否有對林間或雀鳥們不利的事情發生，直到人們離開了林間，雀鳥才會鬆口氣停止叫嚷的示警，林間也恢復了平靜。

一般人寫「鳥」者，經常以自我（人）的心態為中心，認為鳥之鳴叫係為人們而歌唱，係為大自然而歌唱，而此詩卻以雀鳥之鳴叫係為防備人們之入侵林間而在傳送著警訊；而林間得有安靜，係以去除人們的干擾為要件的，可見大自然之和諧，務請去除人為的干預，而用「無為」的心態以保護自然生態。

字辭詮釋：

1、「觀察」：指觀測探察，乃為一定目的所進行的有計畫之活動。「行徑」指行為舉止或可行走之小路，此處指前者。

2、「判」：指評定或辨別，此處以後者解之；「斷」指隔絕、判定、戒除或截開，此處以判定解之；所以「判斷」為辨別判定。「入侵」指進入冒犯；「企圖」指希冀、希圖、意圖、用意，惟時下經常係指（非正道的、非份的、強烈的、過份的）意圖或要求。

3、「傳送」：指轉交遞送；「警戒」指對敵人加以防備；「呼叫」指大聲叫嚷，深恐他人沒聽見。「跟蹤」指暗中追隨其後，不讓目標知道，以便窺探目標之舉止行動。「恢復」

指失而復得;「平靜」指安靜。

◎從樹國回城‧朋友羅漢松

做朋友是可以的
不過,你的舌音和複雜的心思
我無法辨識

你應該栽植更多樹族
擋下陰涼的樹蔭
讓葉香溢滿地表的空氣
讓回巢的鳥群
熟睡到天明

做朋友是可以的
請慢慢的也變成一棵樹人

該詩詮釋:

做朋友是可以的,不過你的舌音和複雜的心思令我無法辨識、無法捉摸,所以(我們)還是不要做朋友的好!

如果你想做朋友,你應該栽植更多的樹族,擋下陰涼的樹蔭,讓葉子散發出的香氣溢滿地面上的空氣,讓回到巢裡的雀鳥們睡個香甜的覺,直到明天早上。

你栽植了更多的樹族,如果要做朋友那是可以的,請你慢慢的變成一棵樹人,提供(我)林蔭及築巢的家。

字辭詮釋:

1、「朋友」：以往稱同門爲朋、同志爲友，今指相交往之人。

2、「舌」：指動物口中管理味覺、幫助咀嚼及發音之器官，「舌音」指以舌發聲。「心思」指思慮。「辨識」同辨認，指判別認識。

3、「樹族」指樹的族群。「樹蔭」指樹木的枝葉成蔭，陽光照射不到的地方。「葉香」，指葉子散發出來的香氣。

4、「溢」：指過份、過度，「溢滿」指充滿、盈滿。「地表」指地面上；「空氣」指圍繞在地球的氣體；生物賴以爲生的氧氣，即自其中攝取而得來。

5、「回巢」：指回到巢中，亦即回到家中。「熟睡」指睡得很香甜（沈）。

6、「樹人」：指具有樹木性格之人，亦即能緘默且樂於傾聽雀鳥聒噪之人。

◎護持中華民國護照

印記
狠狠地戳蓋相片上的臉孔

自由成為鳥被釋放
才感受到頸環的重量
翻開護照
套上頭走出去

一大群台灣旅客的頸項
碰響著被掩飾的羞秘身分

　　放進旅行袋
　　小心翼翼的護持那本護照
　　以免成為更無國籍的地球漂渡客

　　何時，台灣人一齊把它撕裂
　　拒絕假身分
　　換成美麗島

二○○二、夏

該詩詮釋：

鋼印兇殘地加蓋在相片上的臉孔。

　　（台灣）被釋放，成為可以像鳥一般自由的出境，才感受到頸環的重負是如此的沉重，（台灣人）翻開護照套在頸項走出去。

　　在一大群台灣旅客的頸項間，每個人都對遮掩暗藏著不敢示人身分的經驗有所抱怨。

　　雖然「中華民國」不被國際大多數（國家）承認，還是要把中華民國的護照放進旅行袋，小心翼翼的守護著，以免成為更無國籍的地球漂渡客；何時台灣人一齊把它撕裂，以拒絕宣稱擁有中國大陸廣大土地的中華民國國民身分，而換成了美麗島字樣。

字辭詮釋：

　　1、「印記」：指蓋印章後所留下的遺跡，惟此處似指印章、戳章或鋼印加蓋所留下的戳記。

　　2、「狠狠地」：指非常嚴厲地或極為殘暴兇惡地，此處

指前者。「戳蓋」指加蓋圖章或鋼印，在文件或紙張上的動作。

　　3、「自由成為鳥」：指成為鳥般的自由，而可自由出境離開台灣島；「釋放」係法律用語，指免除對個體之拘提、逮捕、羈押等之拘束動作，恢復其身體自由稱之。

　　4、「頸」：指脖子，「環」指圈形的物體；「頸環」指套於脖子上的圈形的物體。

　　5、「重量」指物體受地心引力而向下墜落，若把物體撐著不讓其墜落，支撐之人便會感受到一股壓力，此稱為重量；惟此處宜以「重負」解釋，指心理上的重大壓力與負擔。

　　6、「護照」：指外交部核發給其國民，以便其出入國境，證明其身分之文件。

　　7、「套上頭」：指把「頸環」套在頸項上。

　　8、「碰響」：指東西相撞擊而發出之聲音；「掩飾」指遮飾，將不好的、羞恥的、見不得人的事物遮飾之，希望讓他人看不見。「羞」指覺得不好意思或慚愧，「秘」指隱密的、暗藏的；「羞秘」指暗藏的不好意思或慚愧之意。

　　9、「護持」：指守衛維持，此處指妥為收藏保管。

　　10、「國籍」：指個人屬於某一國家的資格證明，得享該國國民一切的權利與義務。「漂」指浮在水面、流動或形容容貌、衣物、態度美好，此處則指前者；「渡」指由河這端到達那端或將事情由這頭移到另一頭。「漂渡」指由這頭出生，經在世時的漂浮水面、隨水勢流動而無固著點，至死方到達對岸；意指台灣哪天不被世界各國承認，個人死時將不知會歸屬為那個國家的鬼魂。

　　11、「撕裂」：指以手分裂東西。「身分」指人在社會上的地位；為法律用語，指人身權的一種，依附於人的身體或地位而存在的權利。「美麗島」指台灣。

（2005.12.12 成稿／笠 252 期 2006.4）

詮釋趙天儀《野草》詩四首

　　趙天儀教授 1935 年生，台中市人，筆名柳文哲，台灣大學哲學系、哲學研究所畢業，曾任台大哲學系教授兼代系主任，1974 年台大哲學系事件後轉任國立編譯館編纂，後任靜宜大學中文系教授。笠詩社發起人之一；曾任笠詩社主編、社長。台灣美學藝術學會理事長，台灣省兒童文學協會理事長。

　　趙教授著《果園的造訪》、《大安溪畔》、《牯嶺街》、《壓歲錢》、《林間的水鄉》、《小麻雀的遊戲》等詩集；《時間的對決》、《台灣文學的週邊》、《台灣現代詩鑑賞》、《兒童詩初探》、《兒童文學與美感教育》等評論。

　　趙教授曾獲巫永福評論獎、台中市大墩文學貢獻獎、文耕獎語言文學類獎。（以上摘自《笠詩選／穿越世紀的聲音／鄭炯明主編》）

　　本文對趙教授作品之詮釋，所選〈野草〉等詩四首，係取材自《笠詩選／穿越世紀的聲音》一書。

◎野　草

　　有泥土的地方
　　我就在那裡紮根
　　有空曠的地方

我就到處叢生，欣欣向榮

當我飛揚鮮綠的旗幟
墨綠顯示生命的旺盛
在陽光下，我茁壯成長
在風雨中，我沐浴甘霖

俯身下去
讓風暴踩過去
堅韌地佇立
讓星光和月亮交會

我有一撮泥土
便握緊張力
我有一片曠野
便彰顯生命拓展的意願

—— 1994 年《笠》181 期

該詩詮釋：

有泥土的地方，我就在那裡紮根生長了；有空曠的地方，我就到處的生存繁殖了，我是枝葉茂盛又有生氣蓬勃的生活著。

當我飄揚著新鮮亮麗的鮮綠旗幟，那是象徵著我生命的誕生與開始；而帶黑色的墨綠，則顯示我旺盛的生命泉源。在陽光下，我吐發出嫩枝新葉成長著；在風雨中，我全身沐浴在甘霖裡（成長著）。

　　我把身體往下彎了下去，不與暴風雨相交鋒而相互抗衡著，只讓暴風暴雨踩過我的背脊；當暴風暴雨走過去以後，暴風已平靜而暴雨已歇息，我又堅韌地站立了起來，讓星光和月亮在我頭上交會相遇著，萬里無雲的。

　　我有一點點的泥土，便握緊它擴張我的生命力；我有一片空曠的原野，便頌揚生命喜悅的擴展著願望。

　　字辭詮釋：

　　1、「紮根」：指駐紮根部，亦即生長、生活、生存之意。「空曠」：指地方寬廣。

　　2、「叢生」：指草木聚集於一地的生長著。「欣欣向榮」：指草木茂盛、生氣蓬勃的樣子。

　　3、「飛揚」：指受風吹動而飄揚著。

　　4、「鮮綠」：指新鮮的、亮麗的綠色，亦即初生帶黃的心葉子。「墨綠」：同深綠、暗綠，指帶黑色的綠色。

　　5、「旺盛」指興盛。「茁壯」指草木初長的樣貌。「沐浴」指洗頭又洗澡的行為。「甘霖」同甘雨，指在枯旱之時，深切期待的雨水。

　　6、「俯身」指身體向下彎。「堅韌」指牢固。「佇立」指久立。

　　7、「交」指彼此往來相遇之點，「會」指相見；「交會」指二路或多路的人馬或車輛面對面的前進著，而其相遇處稱之。

　　8、「一撮」指升的千分之一，極言其少；「張力」係物理名辭，指物質之擴大。「曠野」指空曠之原野；「彰」指頌揚、明顯的。「拓展」指擴充、擴展；「意願」指願望、心願。

◎選　擇

台灣欒樹是一種選擇
開花的時候
從淡黃到咖啡色
落葉繽紛是一種詩的腳步聲音

台灣楓香也是一種選擇
在海岸線上，強風咆哮
矗立在校園的邊緣
成行道樹，也成防風林

生病的樟樹成了行道樹
在中港路，中棲路上
日夜守候車輪滾轉的聲音
救樟成了一種無奈的抉擇

—— 1997 年《笠》198 期

該詩詮釋：

此詩以三樹種詮釋選擇之重要性：其一、台灣苦楝舅選擇台灣低海拔開闊地及河谷的兩岸生長著，在夏末秋初開花，一年復一年安定的生長著。其二、台灣楓香落腳在台灣全島海岸線及校園的邊緣，成了有用的行道樹也成了有用的防風林；而生病的樟樹則在中港路、在中棲路上成了行道樹，日夜守候著車輪滾轉的聲音，吸著車輛連連放出來的臭屁，可見

樟樹的選擇是錯誤的，所以「救樟」就成了一種無奈的選擇了。

　　惟如串連以下的意象：台灣欒樹屬台灣特有種；台灣楓香原產台灣及中國南方，植於海岸線及校園邊緣；而樟樹種在中港路及中棲路道上，則三樹種種植的路段選擇的詮釋似就別有所指了。認同本土的樹種是健康快樂的，趨炎附勢的樹種則是沒命要救命的，以下詮釋之：

　　台灣的苦楝舅，只繁殖在台灣的低海拔開闊地及河谷的兩岸，那是苦楝舅的一種選擇，它開花的時候從淡黃到咖啡色，它的落葉繁盛紛亂而帶著悽美，是一種詩的腳步聲，令人詠嘆秋之美。

　　台灣楓香則落腳在中國南方，也落腳在台灣全島，而這也是一種選擇，它們散佈在全島的海岸線上，那兒有氣力很大的強風，有如猛獸怒叫的咆哮著；它們高高的直立在校園的邊緣，那被人忽略的地帶，它們指引了道路的方向，便利行路人及行車安全而成了行道樹，也成了防患海風的防風林，它們都是有用的樹種。

　　而患了思鄉病的樟樹成了行道樹，在中港路上，在中棲路上，它日夜苦苦守候著車輪滾轉的聲音，一心只想搭上回歸的道路，患了思鄉的樟樹生病了，而為樟樹噴藥除蟲害就成了一種無奈的選擇了。

　　字辭詮釋：

　　「台灣欒樹」：別稱苦楝舅、苦苓江等，係台灣特有品種，分布在低海拔的開闊地及河谷兩岸，在夏末秋初開花（詳見補充資料一）。

　　1、「繽紛」：指繁盛紛亂的樣子。

2、「台灣楓香」：別稱楓仔樹、楓樹等，台灣固有原生樹種，原產地爲台灣及中國南方，主分佈在全島的平地及低海拔的山區，以奧萬大楓香純林最具代表性，它的樹脂是具有特殊香味的，其葉似楓稱「楓香」。（詳見補充資料二）

3、「強風」：指氣力很大的風或風速很高的風；「咆哮」指猛獸的怒叫，喻人之暴怒。「矗立」指高高直立。「邊」指物之周圍，「緣」指縫在衣邊上的滾條或花邊；「邊緣」，此處暗指非中樞重要地帶，而係不明顯的、被忽略的地帶。

4、「行道樹」：係種植於道路一側或兩側，以指引道路的方向，方便行路人或行車的安全所種植的樹。

5、「防風林」：係種植於海邊或田園向風處之邊緣，以阻擋風勢，降低強風之害。

6、「樟樹」：別稱樟、山鳥樟、鳥樟、栳樟等，產於台灣全島中低海拔的山區、平地，分佈於中國大陸江南各省及日、琉、印度等地。樟樹爲常綠大喬木，散發著清新的樟腦香氣。（詳見補充資料三）

7、「救樟」：指去除病害之株椏並噴藥以防制病害，以挽救樟樹生命。

8、「無奈」：指無可奈何。「抉擇」：指挑選。

補充資料：

1、台灣欒樹：別稱苦楝舅、苦苓江、台灣欒華等，係台灣的特有樹種，分布於低海拔的開闊地及河谷兩岸，落葉喬木、樹皮褐色，平展傘形樹冠似苦楝樹，二回羽狀複葉，小葉形成卵形或長卵形、互生及對生，葉緣屬於淺鋸齒狀。台灣欒樹在夏末秋初開花，圓錐花序、頂生，花瓣五瓣金黃，

瓣片基部為紅色；花後結蒴果，蒴果具淡紅弧形苞片 3 枚成氣囊，狀似紙折的小燈籠，幼果猩紅、鮮豔奪目常被誤為花朵，熟後為褐色，種子圓球型，熟後色為黑色。

2、台灣楓香：別稱楓仔樹、楓樹等，台灣固有原生樹種，原產台灣及中國南方，主佈全省平地及低海拔山區，以奧萬大楓香純林最具代表性，具有特殊香味的樹脂，葉似楓稱「楓香」。台灣楓香為落葉喬木，樹幹有類似樟樹之縱裂溝紋，單葉互生，掌狀三裂，有鋸齒緣，單性花雌雄同株，無花瓣，蒴果聚合成球形有刺；落葉前之紅艷與新葉之鮮紅係二大美景。

3、樟樹：別稱樟、山鳥樟、鳥樟、栳樟等，產於台灣全島中低海拔的山區、平地，也分佈在中國大陸江南各省及日、琉、印度等地。樟樹為常綠大喬木，散發清新樟腦香氣呈濃濃鄉土味，葉互生、革質有波、緣為卵形或橢圓形，表面深綠具光澤，背面粉白，取其葉搓揉則具樟腦芳香，夏開眾多的淡白綠小花，呈圓錐狀花序，核果球形，果熟紫黑色。

◎種　樹

最有生命力的樹
紮根在大地的泥土上
伸展生命的根鬚

最有創造力的樹
舒展綠意盎然的嫩葉
在風中展示枝椏

種樹，埋下再造生命的希望
一棵樹
在露水中沐浴著陽光

一棵愛的象徵
猶如一粒種子
在泥土中拓展年輪的聲音

—— 1997 年《笠》198 期

該詩詮釋：

人的生命有幾許？東奔西跑的也不過是百年而已；而樹有千年、萬年之壽命，所以最有生命力的是樹呀，樹紮根在大地的泥土上，根根植在鄉土擴展其生命的根鬚。

最有創造力的樹呀，放開其綠意盎然初生的嫩葉、嫩芽，也在風中展示其枝椏。

種樹，就是埋下新生命的希望，一棵樹在露水中讓全身沐浴著陽光。

一棵樹就是一個愛鄉土愛大地的象徵了，猶如一粒植物的種子在泥土中開展其生命力，綠化了大地，綿延其歷史一般。

字辭詮釋：

1、「伸展」：指擴展。「根」：指植物莖幹向土中伸長的部分。「鬚」：指細根，如鬚狀之根。

2、「創造力」：指具發明製造之力。

3、「舒展」：指放開，把皺的地方整平了。

4、「綠意」：指綠色；「盎然」指盛大貌，充盛的樣子。

「嫩葉」指初生帶黃色之新葉、新芽。「枝」指樹幹旁生之小幹,「椏」指樹木歧出之枝,一般對「枝」、「椏」係混雜著使用的;惟就同一棵的樹來看,枝就指大分岔所出之小幹,而椏則指小幹再分岔所出之枝。

5、「再造」:此處指重新改造,有新生之意。「沐浴」指又洗頭又洗澡。

6、「象徵」:指一種事物以其他事物比喻或擬稱代表之,此用為代表之名稱或符號就叫象徵,如白色代表純潔,而「長工」、「司機」、「老公」有時係指丈夫。

7、「年輪」:指雙子葉及裸子植物之幹部,每年所增加之一層,依其層數可推斷其樹齡。

◎候　鳥

世界旅行
不必辦出入境
更沒有黑名單問題

美麗島旅行
卻擔心鳥踏的陷阱
更掛念夜裡的突襲

當伯勞倒懸的時候
當灰面驚嚇住的時候
都已經後悔莫及了

美麗島旅行

是候鳥的戒嚴地區

好像一直都是在勘亂時期

—— 2000 年《笠》216 期

該詩詮釋：

（候鳥）到世界其他各地去旅行，都不必辦理出入境的手續，更沒有加強監視、禁止出入境的黑名單的問題。

而在美麗島的台灣旅行，卻擔心著鳥踏的陷阱，更掛念夜裡沒來由的被突襲。

當伯勞鳥踩到了鳥踏，被倒掛起來的時候，當灰面鷲夜裡被突如其來的鉛彈嚇住的時候，它們都已經後悔也來不及的了。

在美麗島的台灣旅行是候鳥們的戒嚴地區，在那裡處處設有陷阱，動輒就會要命，台灣島好像一直都在勘亂時期，不平靜不平靜！

字辭詮釋：

1、「出入境」：指辦理出入境簽證。「黑名單」指給予某種不公平待遇或須拒絕其行使一般之權利，或特別加以強制監視處理者之名單。

2、「美麗島旅行」：指在台灣島上旅行。

3、「鳥踏仔」：指捕鳥之陷阱；它通常是一根竹竿，插在地上比附近的植被稍高一些，竹竿頂上則裝以細繩與竹片做的機關與繩套，當伯勞鳥踏上機關即刻會被繩套套住，有時整隻鳥會插在竹尖上的。

4、「陷阱」：指爲捕捉野獸而挖掘的深坑洞，或設計以害人。「突襲」：指趁對方疏於防備時，加以攻擊。

5、「伯勞」：指紅尾伯勞鳥，是很普遍的多候鳥。長約18公分，台灣有二亞種，其一、背面紅褐色具黑色過眼線；另一、灰頭紅尾伯勞，其頭背部呈灰色，分布在平地、農耕空曠地。

6、「倒懸」：指倒掛著，喻非常痛苦，像倒掛一般。

7、「灰面鷲」：指灰面鵟鷹，俗稱山後鳥，又因南來而名南路鷹，棲息於中低海拔的山區，繁殖於西伯利亞東南部的烏蘇里，中國大陸東北至河北、韓、日，冬季則遷至華南、台灣及東南亞、緬甸、馬來半島、菲律賓、西里伯斯、婆羅州、摩鹿加群島及新幾內亞等地。此鷹在台爲著名的過境鳥，其飛行時速達 35 公里，每年十月在滿州鄉過境往東南亞去過多；次年清明則北歸，八卦山、大肚山台地及附近的山區爲其歇腳站，而後沿海岸北上往東北繁殖地飛行。

8、「嚇住」：指嚇傻、嚇呆，無法即時有效的反應。「後悔莫及」：指懊悔也來不及了。

9、「候鳥」：指隨著氣候變化，在固定的時間來去的鳥類，如伯勞鳥、燕子及灰面鷲等。

10、「戒嚴」：指戰爭或非常事變發生時，在某地區施行的緊急管制的防備措施。

11、「勘亂」：指動員戡亂時期臨時條款，係在 37.05.10 所公布的。而於 80.04.30 經李總統宣告於 80.05.01 零時終止。該臨時條款讓總統具有無上的權力，得爲緊急處分，總統、副總統得連選連任，並設動員戡亂機構以決定動員戡亂有關的大

政方針並處理戰地政務。因之總統可連三任，而第一屆中央民代則成萬年國代。

（2005.12.18～2006.01.14 完稿／刊笠 261 期 2007.10）

詮釋江自得《給 NK 的十行詩》詩八首

　　江自得 1948 年生，台灣台中人，高雄醫學院畢業，曾任台中榮民總醫院胸腔內科主任；高雄醫學院「阿米巴詩社」成員，「笠詩社」社長，「文學台灣雜誌社」同仁，「台灣筆會」會員。曾獲陳秀喜詩獎、吳濁流文學獎新詩正獎等。

　　江自得著有：《那天，我輕輕觸著了妳的傷口》（1990年）、《故鄉的太陽》（1992年）、《從聽診器的那端》（1996年）、《那一支受傷的歌》（2003年）、《漂泊—在醫學與人文之間》（2003年）、《給 NK 的十行詩》（2005年）等。編著有《殖民地經驗與台灣文學》（2000年）、《人文阿米巴》（2000年）等。

　　死後是一個怎麼樣的世界，雖然宗教各有所解釋，靈魂學亦有所探討，但對大多數的人來說，仍是無法掌握的一種不可實驗的未知。對於死亡就沒有所謂的「學問」可以傳承的了；而且人在面對死亡時是無助的、孤單的，而且也是無法改變的事實；有生命就有時間的過去，有時間的過去就有死亡的到來，因之死亡的陰影就令人恐懼著，而時間的過去也令人憂傷。

　　時間是永恆的，而時間的過去卻是令人憂鬱、感傷的，此從江自得〈時間筆記〉詩輯中可以看出：如第 1 首的「這世上有什麼事物／比在鼎沸的人言人語裡靜止的時間／更悲

傷」，第 2 首的「在乾燥了的葉子裡／仍可聽到一些水的聲音／一些惦念的名字／一些孤寂的氣息」，第 4 首的「從白色的長廊那端你走回來／感覺一團冷列的幽黯將頭髮漸次染白」，第 5 首的「昔日異議份子的熱情被染白／你濃稠的孤寂也被染白」，第 6 首的「從遙遠的記憶／你拾回些許薄薄的悲傷」，第 10 首的「時間的精靈在他臉上／刻劃大片深不見底的空白」，第 13 首的「其實人類最可怖的癌 —— 是時間／你說，從出生那一刻起／時間便是生長在靈魂深處的／永恆的癌症啊！」，第 14 首的「你驚覺，牆角那株春天栽植的百合／竟因根部的哀愁／而枯萎」。

　　以上八首詳加詮釋如下：

◎第一首

　　從圖書館的窗口下望
　　你看到時間，在馬路上前進
　　時而匍匐蜿蜒，時而高速衝刺

　　這令你想起，這世上有什麼事物
　　比在鼎沸的人言人語裡靜止的時間
　　更悲傷

　　如果太陽不斷以喪失記憶的速度
　　在你的夢裡沉落又升起
　　你將以怎樣的感動去回應
　　窗台上一杯餘溫尚存的咖啡

　　　　　　　　　　　　　　　2004.6.18

該詩銓釋：

從圖書館的窗口往下看過去，你看到時間在馬路上前進著，有時是手足伏地向前爬行如蛇之蜿蜒一般的，有時是急迫的往前奔跑趕路的。

而這令你想起來，在這個世上，還有什麼事物比在熱烈吵雜的人言人語裡，無視於外在環境的輕飄、浮躁、熙攘、短暫而猶「定靜止」的時間更令人傷感的了；也就是說，相對於時間之永恆，出口即逝去的語言（人之生命），是何其飄忽、渺小、脆弱，而這怎不令人傷感！

如果太陽不斷的以時快時慢、變幻莫測的速度，在你的夢裡不斷的沉落又升起時；那麼，在面對窗台上那一杯表示生命的存在、生命的喜悅，而餘溫尚存的熱情與浪漫猶在延續的咖啡，你將以怎麼樣的感動去回應呀！

字辭詮釋：

1、「匍匐」：指手足伏地而向前爬行；「蜿蜒」指蛇類行動的樣子。

2、「高速」：指奔馳，速度很快；「衝刺」指突然的向前；「高速衝刺」指急迫的往前奔馳的樣子。

3、「鼎沸」：指熱烈吵雜；「靜止」一般指停留不動，對照上言的「鼎沸」，此處應以不言不語，緘默解之。

4、「喪失記憶的速度」：以第 1 節對時間的解釋係「時而匍匐蜿蜒，時而高速衝刺」，可見「喪失記憶的速度」，應以時快時慢變幻多端視之。「沉落」指沉沒，「升起」指上升，「感動」指受到外界的刺激而觸動了心情，「回應」

指感應。茶與咖啡均為飲料；此外，茶給人的感覺，有悠閒、平淡的味道，而「咖啡」則是熱情、浪漫、歡欣之意；「餘溫尚存的咖啡」，指在不久以前，仍在延續的熱情、浪漫、歡欣，亦暗示對生命的喜悅。

◎第二首

　　從被遺忘在書房的一本詩集
　　掉落下來的一枚枯葉
　　你納悶，為什麼秋天總是藏匿起
　　春天的光輝，為什麼
　　被曬乾了的記憶
　　總是無言無語

　　你發覺，在乾燥了的葉子裡
　　仍可聽到一些水的聲音
　　一些惦念的名字
　　一些孤寂的氣息

2004.6.18

該詩銓釋：

　　從被忘記在書房的一本詩集裡，一枚枯葉掉落了下來，你納悶為什麼秋天總是沒有春天的那麼樣的光彩輝耀，為什麼被曬乾的記憶總是被有意的塵封了，是害怕年華老去，還是恐懼青春的不再？或僅僅為了那時刻已流逝、不再了！

　　你發覺，在乾燥了的葉子裡面，仍可以聽到一些水流的

聲音，一些心裡想念的名字，那情景恍如昔日一般，清晰的很；此外，也有一些孤單寂寞的氣息，因為當時的人、事、景物已物換星移，而時光已不再了！

字辭詮釋：

1、「遺忘」：指忽略忘記了；「枯葉」指枯萎的葉子，「掉落下來的一枚枯葉」指帶有紀念性的、被夾藏在詩集裡的一枚枯萎的葉子掉落了下來。「納悶」指發悶，悶在心裡不暢快的。「藏匿」指收貯隱藏，「光輝」指光彩輝耀，「曬乾」指東西給太陽晒得沒有水份了，「記憶」指以往的事情猶留存在腦海裡，隨時會浮現出來的。

2、「乾燥」：指東西沒有水份，「惦念」指心裡想念著，「孤寂」指孤單寂寞。

◎第四首

從白色的長廊這端向前走去
你感覺血液的潮汐來來回回
將頭髮逐日染白

孤獨的漂泊者啊
當你佇立飄搖的天地
是否感知季節微弱的氣息
當你的聽診器貼近病人胸膛
是否聽到時間逝去的聲音

從白色的長廊那端你走回來

感覺一團冷冽的幽黯將頭髮漸次染白

2004.6.19

該詩銓釋：

從白色的、長長的走廊的這端向前走了過去，你會感覺得到血液如潮汐般不間斷的來來回回著，每日將頭髮染成了白色的，以至於白髮日增一日的。

孤單一個、行止無定、居無定所的漂泊者啊，當你久立飄搖的天地，你是否會感覺得到季節微弱的氣息；當你的聽診器貼近了病人的胸膛，你聽得到病人的病痛，但你是否聽得到時間逝去的聲音。

從白色的、長長的走廊的那端，你走了回來，你感覺得到有一團冷冽的對時間消逝的無奈感，將頭髮逐漸的染成了白色。

字辭詮釋：

1、「白色」：為素色，有純潔之意；「廊」指屋外有遮蓋行路的地方。「潮汐」指地球受日、月引力之影響，導致海洋表面產生落潮與漲潮之現象。「來來回回」指往來不絕，很熱絡的樣子；「染白」指著白色染料在物件上，「頭髮逐日染白」指每日都在增加白髮的數量。

2、「孤獨」：喪父叫孤，老而無子叫獨；孤獨指孤單，只有自己一個人而已。「漂泊者」指行止無定，居無定所者，「佇立」指久立，「飄搖」係飛翔的樣子。「感知」同感覺，指神經受感覺器官所傳達的刺激以後，再傳達於腦部而識別之。「季」指 3 個月，1 年分 4 季；「季節」指 1 季或 1 年

之 4 季。「聽診器」指醫生用以傾聽病人體內的音響以診察病情之用具。「時間逝去的聲音」，指時間消逝的聲音。

　　3、「冷」：為寒冷，「冽」：為非常的寒冷。

　　4、「幽黯」，幽為暗，黯為深黑色；「幽黯」與「染白」係相對照的。「漸次染白」指逐漸的染白。

◎第五首

　　昔日異議份子的熱情被染白
　　你濃稠的孤寂也被染白

　　　從靜靜焚燒的眼瞳
　　　你看到時間的底層
　　　厚植著汩汩的血液，以及
　　　綿延的鐘聲

　　　漂泊的人喲！
　　　是什麼樣的意志讓你堅持點亮
　　　黯暗的夜空裡
　　　滿天星斗

2004.6.19

該詩詮釋：

　　昔日異議份子的熱情已年華老去了，不再那麼樣的熱情了；你濃厚的孤單寂寞也老去了，不再那麼的憂鬱了。

　　從靜靜焚燒的眼裡，你看到時間的最下層，厚植著波浪

般的血液以及連續不斷的鐘聲。

　　孤單一個、行止無定、居無定所的漂泊的人喲！(你)是什麼樣的意志，讓你堅持點亮在那很黑的夜空裡，點亮那些滿佈的大小星斗。

　　字辭詮釋：

　　1、「異議」：指不同的言論，「異議份子」指持反對政府立場的人。「熱情」指情意強烈；「熱情被染白」指熱情已貧血，熱情已不再了。「濃稠」指濃厚，「孤寂」指孤單寂寞。

　　2、「眼」：為眼睛，「瞳」：為瞳孔，「眼瞳」：指眼睛，「靜靜焚燒的眼瞳」：指歷經滄桑洗濯而逐漸老去，然熱情依舊的眼睛。「時間的底層」：指時間的最下層。「汨汨」：係波浪聲；「綿延」：同綿綿，係連續不斷之意。

　　3、「黝」：係深黑色，「暗」：指沒亮光，「黝暗」：指很黑暗。「滿」：指充盈、充滿，「滿天」：指整個的天空。「斗」：係星名，如南斗、北斗；「星斗」：同星辰，指宇宙間各種天體如小光點般散佈天空，有恒星、行星、衛星 3 類。「滿天星斗」：指整個天空佈滿了大小的星星。

◎第六首

　　書架上一本泛黃的日記
　　已成缺頁殘篇
　　像受傷了的歲月

　　窗外一棵孤獨的鳳凰木

花開了又謝
像你受傷了的戀情

從遙遠的地平線
你拾回些許淡淡的暮色
從遙遠的記憶
你拾回些許薄薄的悲傷

2004.6.19

該詩詮釋：

書架上 1 本因年代久遠，已歷經風霜，而其紙張已全黃了的日記，它不但缺了頁數、篇章也不全了，就像受了傷害的歲月一樣。

窗外有 1 棵孤單的鳳凰木，花開了又凋謝，年復一年的孤單依舊，就像你那受了傷害、沒有結局的愛情了。

從很遠的地面和天際相接的地平線上，你揀拾回來一點點不濃厚的傍晚時分；也從很遠的記憶裡，你揀拾回來一點點不濃厚的悲傷。

字辭詮釋：

1、「泛黃」：指全部黃色，「缺頁殘篇」指缺了頁數、篇章也不全。

2、「謝」：指凋謝，「花開了又謝」指花開放了又凋謝了。「戀」指男女的相聚，「情」指愛情，「受傷了的戀情」指受了傷害、沒有結局的愛情。

3、「地平線」：指地面和四周天際相接的線，「拾回」：

指揀拾回來，「暮色」：指傍晚時分，「薄薄的悲傷」：指不濃厚的、只一點點的悲傷而已。

◎第十首

你看到，病榻上一個癌末男子
以遲滯的眼神膜拜
窗櫺上一朵豔麗的夕陽

時間的精靈在他臉上
刻劃大片深不見底的空白

氣溫不斷下墜
逐漸冰凍的夢已沉入巷底

你溫柔地觸摸他的軀體
感覺一串串雪的語言
從指尖慢慢侵蝕進來

2004.6.18

該詩銓釋：
　　你看到，病床上1個長了惡性毒瘤末期的男子，以愚笨猶豫的眼神長跪而拜著，窗戶上懸著1朵豔麗的夕陽。
　　聰明頑皮的時間精靈在他的臉上，深刻的描繪了一大片深不見底部的茫然與空白，而生命的存在也茫然與空白。
　　氣溫不斷的下降了，逐漸受冷而凝結的夢想與希望呀，

已沉入小巷衖的尾端了。

　　你溫和柔順地接觸著、撫摸著他的身體，感覺得到一串串冰冷的寒意，從指頭的尖端慢慢的侵蝕了上來，而進到了心裡。

　　字辭詮釋：

　　1、「病榻」：指病床，「癌末」指皮膚或內臟所生的一種惡性毒瘤。「遲滯」指愚笨猶豫，「膜拜」指長跪而拜；「窗櫺」指窗檻上雕成種種的孔格花紋，意指窗戶。「豔麗」指美麗。「夕陽」指將要下山的太陽。

　　2、「精靈」：指聰明又頑皮的人，「刻劃」指深刻的描繪，「深不見底」指深得看不到底部。

　　3、「墜」：指從上落下，「冰」指水受冷結成的固體，「凍」指液體受冷而凝結，「巷」指大街兩旁的小衖。

　　4、「溫柔地」：指溫和柔順，「觸摸」指接觸撫摸，「軀體」指四肢身體，「一串串雪的語言」指一串串冰冷的寒意。「指尖」指指頭尖端，感覺非常敏銳的地方；「侵蝕」指岩石或木材由流水或風所磨耗；「進來」指進到身體內，進到心裡。

◎第十三首

你指著 X 光片上一顆腫瘤
你說，從一個癌細胞長大到一公分的癌
需要七到九年的時間

你說，其實人類最可怖的癌 —— 是時間

你說，從出生那一刻起
時間便是生長在靈魂深處的
永恆的癌症啊！

面對滿臉惶惑的男子
你看到，診療室的晨光
陷入無端的憂鬱

2004.6.21

該詩銓釋：

你指著 X 光片上的 1 顆腫瘤，你說從 1 個癌細胞長大到 1 公分的癌，需要 7 到 9 個年頭，那是很漫長的時間。

你說，其實人類最恐懼的癌就是時間；你說從出生那一刻開始的，時間便是生長在你我靈魂深處那永恆的癌症啊！時間日日的長大，直到導致你我的老死，無人可避免或閃躲它。

面對滿臉疑懼的男子，害怕是否會因長了 7 到 9 個年頭才長成的，那個小小的 1 公分的癌症而死亡的男子，你看到診療室的晨光陷入沒來由的憂鬱了，接著你也憂鬱了起來。

字辭詮釋：

1、「腫瘤」：指身體上因血液彙聚而生的外症，小如栗粒，大如雞蛋或人頭大小。

2、「怖」：指惶懼，恐懼，「靈魂」為宗教界所指人死後依然存在的幽靈。

3、「惶惑」：指疑懼，「診療室」指醫生看病、診斷、治療的地方。「無端的」指沒來由的，不知因何而起的；「憂

鬱」指發愁而煩悶著。

◎第十四首

你驚覺，牆角那株春天栽植的百合
竟因根部的哀愁
而枯萎

而時間，仍透明如空無
未來永遠未開始

你坐在歲月的鞦韆上
盪出去時是蛹
盪回來已成蛾

於是你決定努力追逐，追逐，追逐……
一個比世界更廣漠的靜寂

2004.6.21

該詩銓釋：

你驚覺到，牆角那 1 株春天才栽種的百合，竟因根部的
哀愁而凋萎了。

而時間仍透明得有如內中無任何 1 物的，未來永遠未開
始的，所以未來也就永遠沒有結束了。

你坐在有如鞦韆擺盪的歲月裡，盪出去時還是一個不吃
不動的蛹，盪回來時卻已成可以飛翔的蛾，而且不日就會死

亡了。

於是你決定努力的去追逐，1 個比世界更廣大寬闊的、清靜無聲的靜寂。

字辭詮釋：

1、「百合」：係多年生的草本，花白或紅色，地下麟莖可爲食材或藥材。「哀愁」：指悲傷，「枯萎」：指草木凋萎。

2、「空」：指虛；「無」：係沒有；「透明如空無」：指透明得如同內中無任何的 1 物。

3、「未來永遠未開始」：未來永遠沒有開始，喻所以未來也就永遠沒有結束了。

4、「鞦韆」：指一種運動的器材，以往係架木懸繩的，並在繩下繫木板，人立或坐於木板上，手握兩繩而前後的擺盪著；今則除坐板仍爲木製品以外，其餘則改爲鋼管及鐵鍊子了。

5、「蛹」：指昆蟲從幼蟲變到成蟲前，那 1 段不動不吃的階段叫蛹。「蛾」：指似蝴蝶的昆蟲，靜止時翅作水平形的。

6、「追逐」：指追趕，「廣」：指廣大寬闊，「漠」：指清靜無聲，「靜寂」：指安靜沒聲音。

（2005.11.03 成稿／刊笠第 251 期 2006.2）

詮釋江自得《那一支受傷的歌》詩七首

◎蟬

對著死氣沉沉的世界
我們不停地叫喊
即使耗盡生命也要不停地叫喊
因為我們必須護衛叫喊的自由

在這一座水泥森林的世界
人類只是被困住的囚徒
在暴虐的大太陽底下，只有我們
仍擁有叫喊的自由

天空啊！天空
請不要在你灰暗的胸膛深處
牢牢鎖住
我們叫喊的回響

該詩詮釋：
在集權獨裁的控制下，人民沒有思想自由、言論自由，

而整個國家社會也如同死水一般的了無生氣；但是我們仍然要不停的叫喊，即使耗盡生命也要不停的叫喊，因為我們必須護衛（爭取）叫喊的自由。而反社會與不滿足，一直都是推動歷史往前走的因子之一，所以對集權獨裁的統制會予以抗爭的；但對過度自由所造成的社會混亂，也難保不會希冀加以管理而產生縱容、集權於個人英雄或少數英雄的身上。

在層層監控下的國家社會裡，每一個人都是被困住的囚徒，而獨裁者就可以光明正大、理所當然、肆無忌憚的執行其殘忍暴戾、刻薄虐待的作為，而每個人還都要噤若寒蟬，只有我們（不怕死的）仍會擁有叫喊的自由。

為獨裁者效命的人，請不要以最深處灰暗的心態，緊緊的鎖住我們吶喊的聲音。

當然也可以把該詩視為係崇尚自然，對物質化的反抗，則第1節之「死氣沉沉」，指人文之喪失，自然之喪失，人都物質化，也現實功利了；而「世界」指宇宙、全球各國或有體系之組織，此處則指周遭。「叫喊的自由」，指呼籲恢復人文、講究自由的境地。「水泥森林」指都會化、工業化，破壞了山林與大自然環境。而「太陽」與「天空」，就是大自然界的太陽與天空了。

字辭詮釋：

1、「死氣沉沉」：表奄奄一息、了無生氣的；暗指威權控制下，人民沒有思想自由、言論自由，而整個國家社會如同死水一般的，了無生氣。「叫」指呼喊，「喊」指提高聲量的呼叫，「叫喊」為自然的情緒發洩，係提高聲量的大喊大叫。

2、「水泥」：泛指以非再生材料爲素材之人爲施作，如大廈、房屋、陸橋、圍牆、橋梁、亭閣、煙囪、水塔等；而「水泥森林」：則指水泥建物多如森林，暗指集權獨裁的控制，處處是軍警特，處處有「爪耙仔」負責監控。「囚徒」：表被拘禁，喪失自由之人。「暴虐」：指殘忍暴戾、刻薄虐待。

3、「護衛」：係軍事用語，有敢死、不怕死而保護之意，此處亦含「爭取」之意。

4、「灰暗」：係淺黑色之意，暗指爲維護既有的權勢，害怕反對者，因之以軍警特控制思想與言論自由；「灰暗的胸膛」指灰暗的心態、不光明的心態；「灰暗的胸膛深處」指最深處那不光明的心態。「牢牢鎖住」，係緊緊鎖住之意，有防範被囚、被拘、被關之人、物脫逃之意；此處引申爲鎖住「聲音」。「回響」，如同回音，指聲音。

5、「叫喊的自由」：暗指思想自由、言論自由。本文如以集權獨裁暴政下，人們吶喊要求思想自由、言論自由解說，則第 1 節之「世界」係指國家社會，而第 2 節之「大太陽」則指獨裁者，第 3 節之「天空」則指依附獨裁者之鷹犬，爲獨裁者效命之人。

◎問　題

終於厭倦了鳥籠生活的
一隻鳥
逃向天空

把逃亡的法律問題，人情問題

　　留給
　　鳥籠的主人

　　「媽媽！那我們養鳥
　　有甚麼用」

字辭詮釋：

1、「終於」：係最後，指歷經一段時間之思考、等待後，所下的決定或結果；「厭倦」，表厭惡而精神振作不起來。「鳥籠生活」，指被關、被囚的生活，係牢獄的生活。「天空」，引申為自由。

2、「法律問題，人情問題」：泛指令人頭痛的問題；「鳥籠的主人」，指授意養鳥之人或負責看管、養鳥之人。

3、「有甚麼用」：有數意：其一、既知鳥愛自由，有機會它就會飛走，那又何必抓來養；其二、早知供養水與飼料，反遭惹法律問題與人情問題之困擾，那又何必養。其三、鳥有難，善意養之，卻逃了，早知如此又何必養。該詩似係在寫飛機之投誠問題，則「法律問題，人情問題」，就指的是人機歸還等之問題了，而「『媽媽！那我們養鳥／有甚麼用』」，則指人都是愛好自由的，有機會就會逃到自由之地去的，所以又何必將人民通通關在集權統制之下！

◎週年慶

　　襯衫三件八百
　　西裝一套四千

左側架上的洋裝三折

大清早，一列長長的購買慾
隨電扶梯直往上升
人潮汲汲往繁華靠岸

從摺疊起來的微薄的薪水袋
從信心不足的信用卡
隱隱瞧見父親昔日憂戚的面容

你掏出僅有的千元大鈔
遮掩內心陣陣的酸楚
廉價購入自己的一生

這是一年一度的
週年慶
不買白不買

該詩銓釋：

百貨公司週年慶的優惠促銷活動的標價：襯衫 3 件 8 百，西裝 1 套 4 千，而左側架上的洋裝是 3 折的。

一大清早的，一長排抱著瞎拼的人潮就隨著電扶梯而上樓了，（他們）急切的聚攏到各個人多的專櫃或有漂亮美麗、式樣新穎的商品專櫃去。

（你）從摺疊起來的，保管得好好的沒多少錢的薪水袋

裡，從不知道是否可以付款的信用卡，隱隱的瞧見父親昔日為了生活奔波而憂愁的臉孔了。

　　你掏出僅有的 1 張千元大鈔，掩飾著內心裡陣陣的傷心，痛苦的付了錢；怎的自己的一生就是這麼樣的貧困！

　　全詩在描述，貧窮者在趕百貨公司週年慶消費時的心理狀態，讀來令人酸楚不已。該詩旨意應非揶揄貧窮者，而應是在教育富者不要為富不仁，在瘋狂瞎拼之餘，也應想想我們的社會仍有許多貧者存在著，在他們「掏出僅有的千元大鈔」時，是如何的覥腆、酸楚，而應如何協助他們走出貧困，應是一個很嚴肅的社會問題。

　　字辭詮釋：

　　1、「購買慾」：以慾望代表擁有該慾望的人，亦即充滿購買慾望，想好好瞎拼（Shoping）的人。

　　2、「汲汲」：表心情急切的樣子。「繁華」，形容顏色漂亮美麗或人多的地方，此處指人多的專櫃或有顏色漂亮美麗、式樣新穎的商品專櫃。「靠岸」，表聚攏停駐，佇立專櫃前，此處有擠去圍住之意。

　　3、「摺疊」：有便於妥善保管、攜帶、隱藏之意。「信用卡」，指廠商與信用卡公司（如美國運通、VISA、Master）簽約按消費金額支付一定手續費，並於顧客消費簽單後數日內取得現金貨款，而信用卡公司則轉而向消費者核發繳款通知，消費者於接到繳款通知後再行付款；亦即當消費者於消費時，無須當場支付現金，而在 1 個月內帳單到時再行支付現金。對信用卡使用者及廠商來說，係方便未帶現金之購買行為，可提高銷售量。「憂戚」，指憂愁。

　　4、「遮掩」，掩飾事情的真象，此處有不欲他人知道自己貧窮的真象之意。「酸楚」，指傷心的樣子。「廉價」，係便宜之意，此處表貧苦。

　　5、「週年慶」：指滿 1 年的祝賀，百貨公司於其間大致會舉辦大打折扣的優惠促銷活動。「不買白不買」，就是一定要買。全節「這是一年一度的／週年慶／不買白不買」，描述這是一年一度的週年慶，一年才有的大打折價的一次，怎好不買！

◎飆‧舞

舞台上的政客與歌手磨肩且擦踵
口沫隨昂揚的聲調漸次攀升至沸點

雷射光飆在群眾的臉上
空氣中飛濺著集體的亢奮與哀愁
汗水與淚水匆匆飆過
世紀末睡不安穩的午夜

這是跨年的舞會
跨過這個舞台
下個舞台在何處
跨過這一年
千年的紛爭如何跨過

舞台總是如此擁擠

　　舞步總是如此零亂
　　海峽總是如此狹窄
　　歷史總是如此遼闊

該詩銓釋：

舞台上的政客與歌手磨肩擦踵的，多如過江鯽魚一般；而其口沫，隨昂揚的聲調漸次的攀升至沸騰點。

雷射光飛灑在群眾的臉上，隨著舞台上政客與歌手的煽動、挑逗、振奮、悲傷，空氣中忽而飛濺著集體的亢奮，忽而飛濺著集體的哀愁，如醉如癡的，亢奮的汗水與哀愁的淚水，匆匆的飆過世紀末該睡又睡不著的午夜。

這是跨年的舞會，跨過這個舞台，下一個舞台在何處呢？可以跨過這 1 個年頭，而千年的紛爭如何的跨過呢，未來仍是迷茫的。

舞台總是如此的擁擠，舞步總是如此的零亂，而海峽總是如此的狹窄，而歷史總是如此的遼闊，那些政客與歌手多如過江之鯽，人人爭著出風頭，所以舞台就顯得特別的擁擠了。而舞台上的人既不專業又愛嘩眾取寵的，其問政與歌聲就顯得零亂無章法了。大陸與台灣兩岸的心胸都是如此的狹隘，互不相容的，但歷史還是空遠又廣大無邊的。

字辭詮釋：

1、「磨肩且擦踵」：肩相磨踵相擦，表人多擁擠的樣子。「沸點」，指液體沸騰時的溫度，以水來說，大致上在近 100 度 C 時就會沸騰，此處表示亢奮、沸騰。

2、「飆」：忽然而走的怪風；「亢奮與哀愁」，均屬一

種情緒反應的狀況；「睡不安穩」，指心情浮動或有所思而無法入眠，此處表無法上床睡覺休息。

　　3、「千年的紛爭」：係分分合合的紛爭了千個年頭。

　　4、「海峽」：指兩陸間之水域，此處暗指台灣與大陸兩岸；「狹窄」，暗指心胸狹隘，無容人之心。「遼闊」，指空遠而廣大無邊，係狹窄之反義辭。「歷史總是如此遼闊」，指歷史是空遠又廣大無邊的，其意含有歷史可洗滌一切的恩怨，歷史可容納一切的事物。

◎裝假牙
── 父親八十歲

斑駁的面容
像沈睡在千年鐘聲裡的
古老村落

牙齒早已脫落
早已慣於用牙齦
磨碎辛酸的記憶

以顫抖的雙手
勉力裝上假牙
讓艱難的餘生容易咀嚼

一幅黃昏的景色
在漸漸冷卻的夕陽下

靜靜燒烤

該詩銓釋：

蒼老的面容像深深睡在千年不變、古老幽遠鐘聲裡的古老村落。

牙齒早已脫落了，早已習慣於使用牙床以咀嚼辛酸、悲哀的記憶了。

以不自覺顫抖著的雙手，用盡力氣的裝上了假牙，讓艱難的晚年容易的咀嚼食物，也容易的咀嚼以往的記憶以及當下的日子。

在一幅日薄西山、天色將暗的黃昏裡，在漸漸失去炙熱亮光的夕陽下，老人在靜靜的燒烤煎熬著，度日如年呀。

字辭詮釋：

1、「斑駁」：係年代久遠之意，指蒼老；「沈睡」：指深睡；「千年鐘聲裡」：表千年不變古老幽遠的鐘聲裡；「古老村落」，指年代久遠的村落。

2、「牙齦」：指牙床；「磨碎」：以牙床咀嚼之意。「辛酸」：指悲哀；「辛酸的記憶」：指以往的悲哀記憶。

3、「顫抖」：不自覺的抖動；「勉力」，指努力、竭力；「餘生」，指晚年，將盡的晚年；「咀嚼」，指把固體磨碎。「艱難的晚年容易咀嚼」有 2 意，其一為咀嚼食物，另一意則為對照第 2 節，係指咀嚼以往辛酸記憶及年老的歲月，表老年日子難度。

4、「黃昏」：係日薄西山，天色將暗之時；「冷卻」，使溫度降低，熱的變冷。「燒烤」，一般指用火燒熟食物，

此處則指望景生情、悽愴來日不多之煎熬，或指哀傷晚年之流失。

◎冷冷的夕陽走過她的面前

馬德拉斯博物館外
頭頂著二十個磚塊的女工
因無法承受超重的勞動而跪向大地

她說，溫柔地殺死我吧
家裡還有五個孩子呢
溫柔地檢拾秋葉燒死我吧
家裡還有個酗酒的丈夫呢

她無語地仰望
祈求黑暗的天空俯下身來
為她尋找一盞燈光
冷冷的夕陽，冷冷地
走過她的面前

該詩詮釋：

在宏偉的馬德拉斯博物館外，頭頂著 20 個磚塊重負的女工，因無法承受長久超過負荷的辛勞而跪向了大地，她終於無奈的向命運屈服。

她說用溫柔的手段殺死我吧，我已過膩了這種人生的苦海了，殺了我就解脫了的，可是我家裡還有 5 個孩子在嗷嗷

待哺的呢；溫柔地檢拾秋天枯黃的落葉燒死我吧，我已過膩
了這種人生的苦海，殺了我就解脫了，可是我家裡還有一個
酗酒的丈夫要照顧呢。

　　她默默無語地抬頭仰望著，祈求黑暗的天空俯下身來，
為她尋找一盞光明的燈光，那冷冷的夕陽，卻仍冷冷地走過
她的面前，不理不睬的全然看不到她的仰望，又有誰願意伸
出援手！

　　字辭詮釋：

　　1、「跪」：係彎曲小腿，把兩膝著地，而上身挺直著，
有懺悔或尊崇之意。「跪向大地」，指向命運屈服了。

　　2、「溫柔地」：係指溫柔的手段或方法，亦指仁慈之心。

　　3、「無語」：指默默的；「仰望」，指希望。「燈光」，
指光明；「冷冷」，係冰冷冷寞。

◎世界仍然十分可愛

把胸中的一切
傾倒入天空
生命便突然
燦爛起來

於是
花與樹的眼瞳
漾著明日的光彩

石頭緘默的子宮

　　懷著鏗鏘作響的青苔
　　千億年的星球
　　為短命的黃昏落淚

　　世界仍然十分可愛
　　因你胸脯深處
　　已空無一物

該詩詮釋：

把心中的一切傾倒入天空裡，生命便突然的光彩奪目了起來。

於是花與樹跌落在我的眼瞳中，在我的眼瞳中搖動晃蕩著明日的光彩。

那石頭般緘默不語的子宮，懷著如金石般鏗鏘作響的青苔；在千億年的星球，卻可為短命的黃昏而傷感落淚。

世界仍然十分的可愛，因為你的胸脯深處已空無一物了，花與樹都可漾著明日的光彩，也可為短命的黃昏而傷感落淚了，你已是有血肉有情感的人，而能與大地融合，而能與天地同心。

字辭詮釋：

1、「胸中」：指心中；「燦爛」，係指光彩奪目。

2、「眼瞳」，係視覺的器官；「漾著」，指水波搖動晃蕩；「光彩」，指明亮的現象或光榮、榮譽。

3、「緘默」：保持著不說話；「子宮」，指女性生殖器官，係受胎的部份。「鏗鏘」，係金石或樂器聲；「青苔」，

係隱花植物，顏色蒼綠，生在陰濕處，用孢子繁殖。「星球」，
由於星體形圓如球，故稱之為星球。「黃昏」，係日薄西山、
天色將暗之時。

（2006.01.16 成稿／笠第 251 期 2006.2）

詮釋葉笛《夢的死屍》詩六首

　　葉笛博士（1931-2006）年生於屏東市，台南師範學校、大東文化大學日本文學研究所博士。曾任教日本跡見學園女子大學、日本國立東京學藝大學、兼任專修大學教師、日本聖德學園短期大學教師。

　　葉笛著有詩集《紫色的歌》（1954 年）、《火與海》（1990年）。散文集《浮士繪》（2003 年）。評論集《台灣文學巡禮》（1995 年）。論文〈魯迅兄弟與日本作家武者小路實篤〉（1974 年）〈日本新體詩抄與中國白話詩運動的比較〉（1974年）：合著《尋找台灣新座標》（1993 年）。

　　葉笛更大量翻譯作品：計有石原慎太郎著《太陽的季節》（1969 年）、芥川龍之介小說選集《羅生門》、《河童》、《地獄門》（以上 1969 年）、《中原中也論》（1987 年）、《水蔭萍作品集 ── 楊熾昌》（1995 年）、《吳新榮選集卷一『南瀛集』、『亡妻記』》（1997 年）、《北京銘 ── 江文也詩集》（2002 年）、《台灣早期詩人論》（2003 年）；合譯剛崎郁子著《台灣文學─異端的系譜》（1997 年）等。

　　葉笛獲台灣府城文學特殊貢獻獎（1996 年）、台南師範學院第十一屆傑出校友獎（1998 年）、《創世紀》詩社五十週年「榮譽詩獎」（2004 年）、「巫永福文學評論獎」（2005

年）。

　　《笠》詩刊同人；曾任國立成功大學駐校作家、台灣筆
會監事。

◎夢的死屍

　　別叫醒我，
　　我還要繼續我的夢，
　　怎能離開夢的碼頭呢？
　　只有在孤獨的夢裏
　　我才清醒。

　　扭掉收音機「早晨的公園」，
　　燒掉門縫投進來的日報，
　　天氣預報、明星、車禍、謀殺、強姦，
　　冰凍的熱戰、開花的炸彈、逮捕……
　　夢在顫慄！
　　誰叫你打開門窗？
　　陽光一踱進來，
　　向日葵枯萎，
　　靜謐的山野變成戰場，
　　七彩噴泉乾涸，
　　白鴿斷頸折翼，
　　頌歌嘎然而止，
　　滿床滿床夢的死屍。

　　每天每天
　　從清醒夢中醒來，
　　總是看見哭紅眼的太陽。

　　該詩詮釋：

　　別叫醒我，我還要繼續我的夢境，我怎麼能離開我的夢境所停泊的碼頭呢？離開了那停泊的碼頭，我將陷入在現實的醜陋中，虛偽造作、渾渾噩噩沒有辦法清醒過的；我不虛偽造作、逢迎拍馬屁，如果講一些無聊的、言不由衷的話，我就會被認爲是怪胎是反世俗，所以我只有在孤獨的夢境裏，我才能清醒著。

　　關掉收音機播放的「早晨的公園」的廣播節目，燒掉那從門縫塞進來的我無意再予翻閱的日報，而在那些廣播的節目裡，在那些日報裡，盡是天氣的預報、明星的花邊、車禍事故、謀殺、強姦，東西方的冷戰、引爆的炸彈、逮捕⋯⋯，那些都是社會裡的陰暗面或無聊的茶餘八掛，有那一件是歌頌溫馨感人的事蹟，歌頌安和樂利的社會，期待世界大同的理想？

　　國家、社會、世界人類真的無藥可救到這種地步了嗎？夢境在恐怖的醜陋現實中顫慄著！誰叫你打開門窗？陽光一照射進來，那現實的醜惡面目就會攤開在眼前了，沈溺在孤獨的追求正義公理、世界大同的向日葵就會被枯萎；而靜謐的山林、田野會變成人類的殺戮戰場；而那七彩的噴泉會因爲人類的貪焚、嗜血而乾涸；而那白鴿也將斷頸折翼而死去，那些讚美勤政愛民、聖世功德的頌歌會嘎然而止；而夢會破

0

滅得灑滿床舖的。

　　每一天每一天的，日復一日的從公平正義、人人安居樂業、世界大同的理想社會裡覺醒了過來。我看到的卻是：為了人類的自相殘殺、家破人亡、社會的缺乏公平正義、爭權奪利、弱肉強食，而憂傷而失望而哭紅了眼睛的太陽。愚蠢的人類啊，何時才能消弭自相殘殺、爭權奪利、弱肉強食，讓社會有公平正義與真理！讓人類能安居樂業，讓人類可以達到大同的理想！

　　字辭詮釋：

　　1、「碼頭」：指停泊船隻的地方，船舶泊於碼頭可避大風大浪，亦可進行加油、加食物等的補給工作，以備再次出海航行；「清醒」指頭腦很清楚的醒著，有基本的觀察、判斷與記憶等的功能。

　　2、「扭掉」：指關閉、關掉電源。「顫」：指肢體因冷而抖動。「慄」：指害怕得發抖著。「踱」：指慢步走著。

　　3、「枯」：指草木乾萎、凋萎，「萎」：指草木枯黃，「枯萎」：指草木枯黃乾萎，已無或快無生機了。

　　4、「靜」：指沒有聲響，「謐」：指平靜無聲；「靜謐」指平靜得沒有任何的聲響。

　　5、「山野」指山林野外；「戰場」指兩軍作戰之地。

　　6、「七彩」：指紅、橙、黃、綠、藍、靛、紫等七種顏色，「乾涸」指水枯竭。「白鴿」：指白色的鴿子，常以喻和平。

　　7、「斷頸」：指脖子斷了，「折翼」：指翅膀斷了；「斷頸折翼」指死的死、傷的傷，無一倖免。

8、「頌歌」：指讚美功德的唱辭，「嘎然而止」：指停止。

9、「死屍」：指死了的屍體；「夢的死屍」：指夢已因為清醒而終止，夢境已不再接續下去了，也就是夢已死了。

10、「清醒夢」：係指第一節之孤獨夢，喻指理想；理想的塵世應係有公平正義、人人安居樂業、世界大同之社會。

11、「哭紅眼」：指哭的很是傷心，以至於眼球裡的微血管過度的充血而泛起紅色。

◎這個世界

世界已跌入陰霾霧障，
圍繞地上的鐵刺網
　　比地球的圓周還長。

無數饑餓的手，
殺戮的黑手
　　就在十日所視
　　　　十指所指的地方
　　搖晃、交錯、交錯、搖晃……

嗅覺已分不清
馨香和血腥。
聽覺已聽不出
　　歌聲和哀號。

這個世界

人子已扼殺
　　諸神、太陽和明天
　唯有月亮偷彈苦淚。

該詩詮釋：

世界已跌落到沒有太陽照射到的地方了，天空也是昏昏暗暗的，霧很是深，深到天地白茫茫的一片，如屏風遮避了眼前景物，圍繞地上的鐵刺網比地球的圓周還長呀，而那聯貫成串、尖刺的鐵刺網，就是阻隔，就是沒有自由的鐵幕了。

在有無數因戰火燎原而饑餓的手伸著的，而也有那些無數舉著戰火殺戮的黑手，就在大家都注目的時候，就在大家都譴責的地方，依然是在殺戮再殺戮；這裡忽而是饑餓的手忽而是殺戮的黑手，交互搖晃著、相互交錯著、相互交錯著、交互搖晃著……。

那些習於陰霾霧障，那些習於饑餓殺戮，其嗅覺已分不清何謂芬芳香氣和何謂血的腥臭了；聽覺已聽不出哪是歌聲而哪是哀號。

在這個世界，那無神的人之子，已捏斃了諸神明、溫馨的太陽和光明快樂的明天了，而神明、太陽和明天都消失不見了；唯有暗夜裡的月亮偷偷的在掉下痛苦的眼淚！

字辭詮釋：

1、「陰」：指太陽光照射不到的地方。「霾」：指大風把塵土捲起，而瀰漫於空中，使天空呈現昏暗景象。「霧」：指接近地表的水氣遇冷而凝結成小水滴，因其重量輕而飄浮在空中很久，置身其中可感覺得到小水滴輕拂著臉頰，如予

遠望，但見天地白茫茫的一片。「障」：指遮避用之東西，如屏風等。

2、「圍繞」：指包圍、圍著。「鐵刺網」與鐵蒺藜相同，指用尖刺的鐵絲聯串以為阻礙物，以阻止人獸車等的越過。

3、「饑餓」：指肚子空虛，需要填飽東西的感覺。「殺戮」：指殺人。

4、「黑手」：一般指從事易弄髒手之工作如修理汽、機車之人或專幹偷雞摸狗的勾當、專幹見不得人的勾當之手，此處指後者。

5、「十目所視」：指十個人的眼睛所注視著的，喻指大家都注視得到的、看得到的、公開的。「十指所指」：指十個人各以食指指點、指責，喻指大家都予以指責譴責的。「搖晃」：指擺動；「交錯」：指交相錯雜、相互混雜。

6、「嗅覺」：指辨別自己所認定的香、臭，一般說屁是臭的、花是香的。「馨香」：指芳香。

7、「血腥」：係因血具有腥味，因之以血腥指血液，並以喻係非因正道而流出之血液。

8、「扼殺」：指使他人氣逆於喉而殺死之，如捏其頸項脖子而使其斷氣。

9、「諸神」：指各路神明，所有的神明。「偷彈」：指偷偷的掉落；「苦淚」：指因痛苦而淚流。

◎眼　睛

在熙來攘往
神經痙攣的大街上，

在流砂似的人潮裏，
許多眼睛
　　流過來，流過去……

陰險而仇恨的，
窺伺而殺氣的
佈滿血絲的眼睛和眼睛，
無機物化的眼睛和眼睛
在鋼骨水泥的森林裡
冷冷地互相凝望……

人類，已淪為被猴子嘲笑的
可喜的族類！

全詩詮釋：

　　在人山人海磨肩擦踵的大街上，在已然神經痙攣而無覺於人類醜陋面目的大街上，在流砂似的、眾多的人潮裏，許多的眼睛流了過來，又流了過去……。

　　那是陰險而仇恨的眼睛，那是在一旁窺伺等待下手的機會，而又殺氣騰騰的佈滿了血絲的眼睛；而這個眼睛和那個眼睛，都是沒有感情、沒有靈性的眼睛，在鋼骨水泥的森林裡，冷冷地互相凝望……。

　　人類，已淪為被猴子嘲笑的最受到歡迎的、最討猴子喜歡的「猴」類了！

　　字辭詮釋：

　　1、「熙來攘往」：指來往的人很多的樣子。「神經」：指遍佈在全身，專司知覺、運動並連絡各部位器官之相互關係，且具統合功能之能力者。「痙攣」：指神經系統之病態，患者常有筋肉緊張，作不自然抽縮或全身僵直之現象產生。「流砂」：指流動之砂粒，喻其微小或眾多。

　　2、「陰險」：指人之深沉刻毒或奸詐狡猾，而難預測其作為。「仇」：指與人結怨；「恨」：指怨氣。「窺伺」：指在旁偷看等待下手機會。「殺氣」：指陰森肅殺之氣，想殺人之氣。「血絲」：指因興奮或病態，以致微血管漲滿血液而現出紅色。

　　3、「無機物化」：指沒有感情、沒有靈性。「鋼骨水泥」：指以條鋼為骨架，在其外又以敷水泥之人為施做。「凝望」：同凝視，指目不轉睛的看著。

　　4、「嘲笑」：指以言語諷刺，譏笑他人。「可喜的」：指受到歡迎的、討人歡喜的。

◎夢

即使
在這破爛一團的，
大白天還得點燈世界裏，
我們還是有個夢想：
撞開九重的黑色鐵門，
走在燦燦的陽光下，
走向綠綠的原野上，

那裏

小寶寶在母懷中酣睡，
男女老幼都不分膚色，
喜滋滋的臉龐上
閃耀著希望的亮光……

一九八三年九月廿三日定稿於東京

該詩詮釋：

即使在這一團破碎腐爛的世界裏，在大白天裡還得點著燈的世界裏，我們還是有個夢想：那就是撞開很多道重重的、黑色的鐵門，而走在有光彩奪目亮光的陽光下，而走向綠綠的原野上。

在那裏。小寶寶在媽媽的懷中睡得又香又甜的，不分膚色的、不分男女老幼的，個個都在喜孜孜歡欣的臉龐上，洋溢著、閃耀著希望的亮光……。

即使在這硝煙迷濛、戰鼓頻催的時代裡，黑暗幾乎會要壓斷人類脊樑的世界上，我們還是有個夢想的，那就是追求永遠且散發著光明的理想！

字辭詮釋：

1、「破爛」：指破碎腐爛。「破爛一團的」：指一團破碎、腐爛的。「點燈」：指把燈打開以點亮，或開燈使之發光照明。「九重」：指很多道，很多層的意思。

2、「黑色」：一般指具有陰暗、見不得人的事物、令人心生恐懼、恐怖之涵意。「鐵門」指以鐵為材料所製造之門，

有牢固、緊密防範之涵意。「燦燦」指光彩奪目的亮光。

　　3、「酣睡」：指熟睡、深睡、睡得很是香甜。「膚色」：指皮膚的顏色，人的膚色大致可分黃、白、黑、櫻、紅等五種顏色。「喜滋滋」：同喜孜孜一樣，指歡喜、歡欣的樣子。

　　4、「硝」：為一種白色透明的結晶礦物，可製火藥及肥料。「硝煙」：指火藥燃燒後所產生之煙霧。

　　5、「迷濛」：指被煙霧遮掩而濛濛不明或看不清。「壓斷」：指用重力加在物體上，而使其斷裂。

　　6、「脊」：指人體背部中央部分；「脊樑」：喻指支撐、支持。

　　7、「不死發光的夢想」：指可永遠追求而且散發出光明之理想。

◎不知怎地

不知怎地
寂寞、憂悶的時候
我就想起藍藍的大海
波濤洶湧的藍海　有發光的夢

不知怎地
寂寞、憂悶的時候
我就想起蒼鬱的高山
沉默崔嵬的
高山　有亙古的生命

有回音的

　　跫音　有褪色的記憶

該詩詮釋：

　　不知怎麼地，我寂寞憂愁煩悶的時候，我就會想起那藍藍的大海，那大小波浪洶湧澎湃的藍海，在那裡有令人憧憬、引人入勝、獨具光明的夢想。

　　不知怎麼地，我寂寞憂愁煩悶的時候，我就會想起蒼翠蓊鬱的高山，那沉默又崇高險峻的高山，在那裡有自遠古以來即存在的生命。

　　不知怎麼地，在我寂寞憂愁煩悶的時候，我就會想起曾經歷過的人事物了；雖然那些人事物的記憶雖已褪色不清晰了，而且不是我一想念就會重現或重溫的，但我依舊會想起來；退一步說，既使景物可以重溫、重現的話，但人事也已是全非，而那些逝去的光陰，再怎麼的追逐也是追不回來的了。

　　字辭詮釋：

　　1、「寂寞」：指冷靜不熱鬧；「憂」：指愁悶；「憂悶」：指憂愁煩悶。

　　2、「藍」：指深青色，另有憂鬱之涵意。「波濤洶湧」：指大小波浪洶湧澎湃；「有發光的夢」：指有令人憧憬、引人入勝、具有光明的夢想。

　　3、「蒼鬱」：指蒼翠蓊鬱。

　　4、「崔」：指有石的土山，又指山勢高峻；「嵬」：指山嶺高峻；「崔嵬」：同崢嶸之意，意指山勢崇高險峻。

　　5、「亙」：指事物綿長，由此端延長到另一端；「亙古」：

指遠古、極遠的古代。

6、「跫音」：指走路的腳步聲。「褪色」指因時間的經過、日曬、雨淋、水漬，以致使物體之顏色變色敗壞了；此處指因時間久遠，以致經歷過之事物已漸忘懷。

◎墓　標

我誕生於土地
現在將復歸於土地
人從哪裏來
　就得回歸哪裡去
我活過　思想過　愛過

生只是一個開始
死只是一個終結
生和死
　只是時間征服了時間
生和死
　出現而又消失於時間的空無裡

我靜靜地傾聽著
　山風低吟輓歌
我鼓動著心
　迎接波濤歡呼的新生

大海是我的墳塋

山上的巨木是我的墓標

我將回去
　回去那擁有一切
　　而又一無所有的故鄉
　　　　　　　二〇〇二年九月二日自譯於府城

該詩詮釋：

我誕生於土地，現在又將復歸於土地了；人從哪裏來就得回歸到哪裡去，我活過、思想過、也愛過，走過這一趟宿命的旅程，我已了無憾言了。

誕生只是一個開始而已，死亡也只不過是一個終結；在活著和死亡之間，活著時只是活著的時間征服了死亡的時間而已，而生存到死亡之間也只在於一小段的時間裡而已，終將又消失於時間的浩瀚、無窮無盡的空無裡。

我靜靜地用心的傾聽著那山風低聲的吟唱著送喪的輓歌，我鼓動著內心去迎接著那如波濤洶湧澎湃歡呼而來的新生；我將葬於大海之中，大海是我的墳地，而山上的巨木是我的墓碑。

我將回去，回去那擁有所有的一切而又一無所有的故鄉裡，在所謂的空無之中。

字辭詮釋：

1、「誕生於土地」：指出生於土地，亦即來自土地。「復歸於土地」：指回歸所自來之土地。「思想」：指在腦中所生的意識與行動。

2、「開始」：指起點、起頭、開頭；「終結」：指終點、結束；「生和死」：指出生與死亡，以喻人之一生。

3、「時間的空無裡」：指時間的浩瀚、無窮無盡之中。

4、「傾聽著」：指用心的聽；「低吟輓歌」：指低聲的吟唱送喪之歌；「鼓動著心」：指鼓舞激動著內心；「波濤歡呼」：指如波濤洶湧澎湃般的歡呼。

5、「墳塋」：指墓地；「墓標」指墓碑，與目標同音，帶有反諷之意。

6、「一切」：指所有。

7、「一無」：指連一都沒有的，表全無、都沒有的意思。

（2006.02.13～2006.02.28 成稿／刊笠詩刊 253 期 2006.6）

詮釋謝碧修〈唱片與唱針〉等詩三首

　　謝碧修，1953 年 12 月 14 日生；台南縣七股鄉人，現居高雄。國立空大社會學系畢業，已自中國國際商業銀行退休。筆名畢修、鴻影、攸月。曾獲山水詩獎（1978）、黑暗之光文學獎新詩組佳作（2003）。

◎唱片與唱針

沉默如你
把自己匿藏在細細紋路裡
我該以何種傳真度詮釋你

冰冷如你
未曾主動啟口
我該以何種溫度暖化你

倘非為了你
我早已歸隱山林
留下來
只為溝通眾生與你
我倆相依為命

　　以激昂以低柔
　　以清朗以幽怨
　　散播變幻的心情

　　磨擦的熱力
　　不斷重覆各種生命情調
　　只要筋骨未老
　　你我仍須一路地唱下去

1981.12.1

　　該詩詮釋：

　　此詩係寫實，唱片最重要部位為溝漕與紋路，而聲音之為激昂、之為低柔、之為清朗、之為幽怨，均由之而決定。而唱片之發聲，係靠唱針在溝漕與紋路中的滑行，所以唱片是沉默、冰冷的，而須藉助唱針的詮釋、暖化才能發出聲音。

　　唱針如無溝漕可滑行時，亦為廢物一個而已；所以唱片與唱針才須相依為命的，也在不斷的重覆各種生命的情調，直到雙方筋骨衰老。

　　此外，此詩亦係速寫夫妻二人的人生歷程；婚姻生活有時是互補的，一個話多一個話少，一個內向一個外向，而結合之後在人生的歷程上，對內對外來說，才能達到中庸之道。

　　夫妻二人的生活，原係來自不同的家庭背景、個性學養也不一，所以生活上才會有激昂、低柔、清朗、幽怨，而日復一日不斷的重覆此種生命的情調，但在筋骨未老死以前，仍須相依為命的繼續著這種起伏宿命。

字辭銓釋：

1、「把自己匿藏在細細紋路裡」：係以部分代表全體的寫法，指唱片。「細細紋路裡」，係屬寫實亦屬寫意，指其情感細緻豐富。但對照第二節的「冰冷如你／未曾主動啓口」，則又有有口不開之斷層，是爲孤獨、緘默與痛苦，並有拒人千里之外之意；因之而有下文「我該以何種傳真度詮釋你」及「我該以何種溫度暖化你」，以使其得以宣洩壓抑之情感。「倘非爲了你／我早已歸隱山林／留下來／只爲溝通眾生與你／我倆相依爲命」，則爲點出相依爲命，喜怒哀樂與共，最後以「只要筋骨未老／你我仍須一路地唱下去」爲結尾。

2、「我該以何種傳真度詮釋你」：指我該以何種比率的寫真程度來描繪表達你的情感。

3、「只爲溝通眾生與你」：你是沉默與冰冷的唱片，我是唱針，由我在你的溝漕裡滑行而得予發聲，以與他人相溝通。

4、「以激昂以低柔／以清朗以幽怨」：係在寫歌或聲音之多樣貌。

5、「不斷重覆各種生命情調」：生命的情調有酸、甜、苦、辣，一如歌之有激昂、低柔、清朗、幽怨；而在人生的旅程中不斷的重覆著酸、甜、苦、辣，一如歌之不斷的重覆著激昂、低柔、清朗、幽怨的波動。

◎夜　渡

在這人生的水域
我是一名靜默的擺渡者

雖然夜將沉寂

孩子

讓我們划向夜

黝黑的胸膛

探探它的鼻息

聽聽它的心跳聲

當所有燈光睡去

天空仍會有星光

孩子，別怕

有我在左右

為你掌舵

1984.8　刊於台灣新聞報

該詩詮釋：

此詩描寫母愛之光輝，母親對子女的愛不但是默默的奉獻心力者，亦為相隨左右的方向指導者；更指出人生的旅途雖是黝黑的，仍要有勇氣加以探索，去探探它的鼻息，聽聽它的心跳。

字辭詮釋：

1、「我是一名靜默的擺渡者」，指我係一位默默的奉獻心力，不多嘮叨，也無怨無誨的撐竿者。

2、「讓我們划向夜／黝黑的胸膛」，指人生的旅程是多艱多桀的。

3、「有我在左右／為你掌舵」，指相隨左右，披荊斬棘，以指示正確方向。

◎鳥與水
—— 給一群截肢與視障的朋友

水之於鳥
恰如舞蹈之於我
我們來自不同的向度
獨鍾這一方水域
棲身於灰濛中的一片綠地
水的清柔撫慰我
水的激越挑戰我

在這片天空
我展翅
因水的滋潤
飛舞出
更美更有力的
人生

舞蹈之於我
恰如水之於鳥

2002.11.30　觀賞「鳥與水舞集」演出後記

該詩詮釋：
此詩描述截肢與視障舞者之演出：我（截肢與視障舞者）
熱愛舞蹈猶如「水之於鳥」，我們雖然身體上有所不同的，

但我們都樂意齊聚在一堂，在這有著愛與喜悅、關懷與諒解的場地上。舞蹈的柔美讓我感受到安慰，舞蹈的高亢、激昂讓我感受到挑戰。

在這場地上，我展翅，因為大家的愛與關懷而飛舞出更美更有力的人生。

舞蹈對我來說，恰如水是鳥的最愛。

字辭詮釋：

1、「我們來自不同的向度」，指有截肢或視障者的特殊之處，而與普通人是有所不同的。

2、「棲身於灰濛中的一片綠地」，指在一般冷漠的社會裡，這裡有愛與喜悅、關懷與諒解，是我棲身安命之處。

3、「水的清柔撫慰我」，就第一段「水之於鳥／恰如舞蹈之於我」來看，可見此處的「水」是「舞蹈」的置換，亦即舞蹈的柔美感安慰了我。

（2006.04.16／刊臺灣現代詩 12 期 2007.12）

詮釋陳銘堯《陌愛》詩四首

　　陳銘堯 1947 年生於彰化二林；東海大學中文系，文化大學藝術研究所碩士。早年曾從事小說創作，後主攻現代詩。現爲台灣筆會會員、笠詩社同仁。

　　曾獲第二屆磺溪文學獎新詩獎及聯副、南市、裕隆合辦第三屆「台灣詩鄉」入選。本文自其詩集《想像的季節》輯選出。

◎陌　愛

叢林裡潛伏的
美麗的夜行性動物
生活於另一世界的妳啊

那隱秘而陰鬱的一面
在明晃晃的日間
掩藏以蒼白的面容
和謎樣的黑眼珠

或是
當我夜眠

　　　涉入一場噩夢
　　　我們的生命短暫邂逅

　　　互相窺視
　　　並且焦慮
　　　命運投下的
　　　偶然的韁索

該詩詮釋：

　　妳是在茂密的叢林裡隱藏著的，白天掩行休息而不活動，但在夜晚才甦甦活躍了起來，而且越是進入暗夜才越顯得迷人的美麗動物，妳是生活在另外的一個世界的人啊。

　　在妳那秘密、晦暗又鬱抑的那一面，在大太陽底下的白天裡，總是被掩藏在蒼白的面容和不易被他人看穿瞭解的謎樣的黑眼珠中，有如吉普賽人一樣，令人頓生無限的憐惜，總想攬妳入懷中，給妳溫存與安慰。

　　或許，當我在夜眠涉入一場噩夢裡，我們的生命就會不期而遇的，兩個靈魂短暫邂逅而相聚在一起。

　　我們互相窺視著對方，打探著對方的全身上下，總想知道何以相聚在一起，並且會心懷焦慮而忐忑不安的，而不知道下面一個動作該從那裡著手，而到那裡才能尋幽又探秘；命運投下來給我們兩個人的，就是兩個肉體偶然的相聚，卻被一根韁索把我們綁在一起，成就了最深切的露水之因緣。

　　字辭詮釋：

　　1、「陌愛」：「陌」指都市中之街道；「陌愛」指發生

於都市的街道之愛，亦即係屬邂逅的、偶遇的、非固定之愛。

2、「叢林裡潛伏的」：「叢林裡」指聚集在一處的森林，隱含原始的、弱肉強食的、未開發的、蠻荒的之意；「潛伏的」：指暗中藏伏，隱含伺機而動、神秘而不被人查覺的；「叢林裡潛伏的」：指隱藏在原始的、弱肉強食的茂密森林裡，神秘而不讓人知道其形跡，以備伺機而動。

3、「美麗的夜行性動物」：「夜行性動物」指白天休息睡覺，夜裡才外出活動的動物；「美麗的夜行性動物」指白天掩行而夜晚才活動的美麗動物，此處之「美麗動物」，係指物化之女人。

4、「那隱秘而陰鬱的一面」：「隱秘」指藏匿不讓外人知道；「陰」：係太陽光照射不到，隱含暗之意；而「鬱」則指積聚不散或愁悶、不暢快，此處指暗的很厲害或又暗又令人愁悶不快均適合；「那隱秘而陰鬱的一面」：指藏匿晦暗又鬱抑不讓外人知道的那一面。

5、「明晃晃」：「晃晃」指光明的；「明晃晃」指非常光明的。

6、「掩藏以蒼白的面容」：「掩藏」指掩飾藏匿；「蒼白」指灰白色。而「掩藏以蒼白的面容」：指用蒼白的面容掩藏住；亦即掩藏在蒼白的面容底下。

7、「謎樣的黑眼珠」：「謎樣」指影射事物或文字給人猜測的一種隱語，隱含猜不透之意；「謎樣的黑眼珠」：指不易被看穿的謎一樣的黑眼珠。

8、「夜眠」：指在夜裡上床。

9、「噩夢」：指驚駭之夢。

10、「邂逅」：指不期而遇。

11、「窺視」：同窺探，指偷看。

12、「焦慮」：指苦思憂慮。

13、「命運投下的／偶然的韁索」：「韁索」指繫在馬脖子上的粗繩子；「命運投下的／偶然的韁索」：指命運投下偶然的韁索而被綁在一起相聚會著。

◎與時間對決

把你的複雜和精巧
暴露在伊的眼前
如一只可以看到內臟的錶
你噤聲不語
只剩心臟輕輕搏動
機械地展現微弱的意志

終究你只是
在陰暗的一角
孤單地面對
停止的一刻

該詩詮釋：

時間是多麼的浩瀚長遠、而又單純又永恆的，既使把你生命裡的重複雜碎與精細靈巧暴露在時間的眼前，你也只不過有如一只可以看到內臟的錶而已，已被時間看光光的看得一清二楚而已；在時間的單純永恆裡，你再也不能意氣風發

了，你閉嘴不言不語的，你只剩下心臟輕輕的跳動，機械的、呆板的、沒起伏變化的展現出微弱的生之意志。

　　不管你再怎麼樣的重複雜碎與精細靈巧，在時間單純永恆的常流洗滌下，終究你只不過是在陰暗的一角，無依無靠孤單的面對停止的一刻，走入死亡毀滅而已。

　　字辭詮釋：

　　1、「把你的複雜和精巧」：「你」指我（人）的生命，「複雜」指重複雜碎；「精巧」指精細靈巧：「把你的複雜和精巧」指把你生命裡的重複雜碎與精細靈巧。

　　2、「伊」：指時間。

　　3、「噤聲不語」：指閉嘴不言語。

　　4、「博動」：係脈搏之跳動，隱指生息之所寄，生命仍健在。

　　5、「機械地」：指機器或呆板沒變化的。

　　6、「陰暗」：指天陰而黑暗。

　　7、「孤單地」：指單獨無依靠的。

　　8、「停止的一刻」：指死亡。

◎關　　聯

　　陽光因一束花而燦然
　　於居室幽深處
　　綻放存在孤獨的芬芳

　　從夢的距離
　　女子清亮的音聲

　　不需攜帶語意
　　強力穿刺

　　就算遙遠而陌生
　　必有一種神秘關聯
　　串成故事

該詩詮釋：

　　於居室最最深入最最裡面的那一束花朵，因著陽光的普照而光彩鮮明了，它綻放出孤單的自我存在的芬芳。

　　從男子夢寐以求日思夜想的那個距離，女子清亮的無言之聲不需要攜帶任何的話語就可以實力強大的洞穿了男人的心，而插刺進入男人的心裡。

　　就算那男子與女子相隔的再遙遠：而又很陌生的，也必有一種令人意想不到的力量會使雙方相互的牽連著的，那是可以肯定的會串成一齣引人入勝、傳頌回味、刻骨銘心、不敢或忘的愛情故事。

字辭詮釋：

　　1、「陽光因一束花而燦然」：「燦然」指光亮的樣子；「陽光因一束花而燦然」，一般的說法是一束花因陽光而燦然著。

　　2、「幽深」：「幽」指深遠，「深」指深入裡面的；「幽深」指深遠的深入在裡面，一如非常的非常之造詞。

　　3、「孤獨」：「孤」指幼而喪父，「獨」指老而無子；「孤獨」一般用作孤單，獨自一個人。

4、「音聲」：係佛學之語，指無言之聲，如就其前之形容詞「清亮」及相連接之下一句以觀之，則此處似應解爲令人愉悅之笑聲。

5、「強力」：指實力強大。

6、「穿刺」：指穿透刺入人心，令人無可防備的，且受到深遠的影響。

7、「神秘關聯」：「神秘」指變幻莫測的，「關聯」指互相牽連著；「神秘關聯」指變幻莫測而又互相牽連影響著。

8、「故事」：指一段已過去的人地事之事實或憑空構造之講述，足資引人入勝，傳頌回味者，或刻骨銘心，不敢或忘之淒楚者。

◎情　結

像驚慌失措的少年
突然面對過早降臨的愛情
有如中邪
童男的青澀
迷上豔婦神秘而複雜的風韻
淒美的怪譚
成為永恆的情結

我所僅知的愛情
混合著致命毒藥的芬芳花蜜
仙狐女妖母獸的變身
聖女蕩婦少女的幻夢

我將終生窺伺妳

並且驚悚於

臨愛的戰慄與狂喜

一如童男暗自隱藏

神秘的幻想

笨拙的求愛

傷疤的自戀

該詩詮釋：

那是像那因極度驚駭而失去了常態的不知所措的少年，突然面對著過早降臨的愛情，有如中了邪、著了魔，亂了方寸一般的；那未成熟的處男，覥腆的沉迷於那容貌美豔婦人神秘而又複雜的風韻裡，那淒美的奇遇記就成為鬱積在心田永恆的情結了。

我所惟一認知的愛情，那愛情是混合著致命毒藥的芬芳花蜜，讓人迷戀而啜飲不歇的，而那愛情是仙狐、女妖、母獸的變身呀，是讓人沉迷依戀而難以自拔的；那愛情是聖女、蕩婦、少女的幻夢，那是一生最終極的追求，心甘情願的追求。

我將終生常隨在妳的左右，偷窺妳、等候妳，並且驚悚於真正面臨到愛的戰慄與狂喜的，一如小男生暗自隱藏的神秘幻想，不伶俐也不老練的求愛，以及不計其數的追求愛情所留下受傷的疤痕，自今而後為妳苦守著堅貞。

字辭詮釋：

1、「驚慌失措」：指極度驚駭而有失常態，以至於不知

所措。

　　2、「中邪」：指因著魔著道而使人行爲偏離常態或因之久病不癒，或解爲沉迷熱中。

　　3、「青澀」：係外表青色、內裡澀嘴，表示尙未成熟。

　　4、「豔婦」：指容貌美麗之婦人。

　　5、「風韻」：同氣質，指文章之骨氣、書畫之意境，此處借指爲人之氣質。

　　6、「怪譚」：同怪談，即奇異之記事。

　　7、「情節」：係心理學的用語，鬱積心裡之情緒反映。

　　8、「僅知」：指惟一認知、知道的。

　　9、「變身」：指幻化之身分。

　　10、「幻夢」：指空虛之遐想。

　　11、「窺伺」：指在旁偷看等候著，以期有機可趁。

　　12、「驚悚」：突然受到意外的刺激而駭怕著。

　　13、「臨愛的戰慄與狂喜」：「臨愛」指面臨愛情的到來，惟此處似指面臨作愛；「戰慄」同戰栗，指因恐懼而發著抖的樣子；「狂喜」指非常的喜悅；「臨愛的戰慄與狂喜」指因面臨作愛而來的恐懼而發抖著，但又非常喜悅於行將達到滿足渴望慾求衝動的樣子。

　　14、「神秘的幻想」：「神秘」指變化莫測；「幻想」指空虛而不切實際的思想；「神秘的幻想」指變化莫測又空虛得不切實際的思想。

　　15、「笨拙的求愛」：「笨拙」指做事不伶俐；「求愛」指尋求愛情，亦指尋求性愛；「笨拙的求愛」指不伶俐的尋求性愛。

　　16、「傷疤的自戀」：「傷疤」同傷痕，指皮膚受傷後所留下之疤痕；「自戀」同自愛，指自己愛護自己、珍惜自己。「傷疤的自戀」指雖以往留有受傷的疤痕，然仍堅貞的維護自己現有的肉體與純潔。

（2006.02.16~2006.09.04 成稿／刊笠 257 期 2007.2）

詮釋李長青《落葉集》詩七首

　　李長青，1975 年 1 月 15 日生於高雄市，籍貫台中縣。1981 年入台中縣立塗城國小，在校刊登童詩；1987 年入台中縣成功國中；1990 年入省立台中二中，校際徵文比賽獲台中區高中組第一名；1993 年寫環保社會教育相關文章，投書中國時報、自由日報、聯合報等，另亦寫環保論文獲行政院環保署主辦論文比賽佳作。

　　1994 年入國立台中師院特殊教育學系，1995 年獲佛光哲學論文獎，1996 年撰寫教育論文獲校內徵文學生組第一名，1997 年籌組詩社任社長與詩刊主編，並獲台北市政府第三屆公車詩文獎甄選獎。國立台中師範學院畢業，於國小任教時亦在研究所進修碩士學位，現已畢業並為大學講師。

　　此外並曾獲台中縣文學獎（2000 年）、吳濁流文學獎（2000 年）、玉山文學獎（2000 年）、南瀛文學獎（2000 年）、文建會台灣文學獎（2000 年）、優秀青年詩人獎（2000 年）、海翁台語文學獎（2000 年）。著有詩集〈落葉集〉、〈保險箱裡的星星〉（合集，爾雅出版社）。

　　向陽博士在〈葉子落下的六十四種身姿 ── 序李長青詩集《落葉集》〉，指出：「語言符號無論語言外衣或語言的本身，都與語言使用者的生命經驗和意識形態有錯綜複雜不

可分割的關係；詩人寫詩有時很清楚自己在操作語言、表現語言；但有時甚或常發現語言有自己的趨力，不受約束無以掌控，只能任令語言在詩行中興風作浪表現其詭異世界。語言作為符號，用索緒爾的話來說，有符徵（signifier）、符旨（singified）之分，前者具有符號表層意義（外延意義 denotation），後者具有符號深層意涵（內涵意義 connotation），藉兩者之呼應、對照與啟發而建構一個完整的符號脈絡。另一位語言學家皮爾士則根據符號和對象之關係，建立符號的三個概念：肖像（icon）、指示（index）與象徵（symbol），並指出符號與指涉對象間之相似性、存在性和任意性的關聯。一個符號的運用可能單指其一，也可能三者並存，在被使用過程中，符號使用者和符號世界之間表現了繁複多變的互動，若再加上透過發表或出版行為而有符號接收者出現，則又產生新的互動，再現新的詮釋意義，因此符號既出，便無所謂唯一的、單純的、絕對的、不變的意義。」

「詩運用符號語言表現的意象世界也是如此，詩人在書寫過程中運用所能掌控之符號，企圖展現其世界觀而創造詩，但在完成過程中，詩人也受到符號的掌控，兩者互動產生文本。文本既出，在被讀者接收的過程中，符號又以其自足的意義世界與讀者再產生互動的詮釋關係，於是進而有第二文本到無數文本之可能。詩的多義性是此雙重互動架構中產生的，詩的意義不是其表面或本身，而是包含在詩符號之外延、內涵，以及由此建構之文本脈絡上，經由作者、讀者共同創造出來的。」

向陽說，「李長青近年來以落葉為書寫對象，寫出六十

四首涵括在『落葉』題下之詩，也可被視爲係他對落葉此符號底下多重內在意涵的探觸、詮釋和引申。」

　　向陽又說，「他的詩，早期從寫實主義出發，對台灣社會的現實具有敏銳的觀察和批判，同時在語言運用上，也能駕繁於簡、明澈乾淨地表現詩思；近期則試圖結合後現代主義的書寫方法，從物象與現象中挖掘內在意涵，甚或顛覆既有意涵，重行拼貼、再構，表現新的詮釋或抵消舊的意義。《落葉集》這本詩集，所收六十四首落葉詩就鮮明表現了他的企圖：有些詩他循著固有符號系統（文化系統）操作落葉之釋義；有些詩則放任落葉作爲符號之任意性，讓落葉『興風作浪』，自足地演出新的可能、多義的丰姿，因而構成了『落葉』的六十四種不同姿勢，表現出詩人對『落葉』的六十四種感覺、心境和詮釋。」

　　黃維樑博士在《中國詩學縱橫論》〈中國詩學史上的言外之意說〉提到：言外之意說分三類：第一類從語言本質立說，認爲言不能盡意；第二類包括以〈毛詩序〉爲首的諷刺觀和宣揚倫理道德的寓言；第三類從藝術觀點出發（黃著119頁）。上項第三類係指詩貴有言外之意，始自唐代司空圖，如「二十四詩品」之「含蓄」，其「不著一字，盡得風流」，引得後世詩人、詞客如醉如癡。司空圖之言外之意說，係從審美角度出發；亦即美學之言外之意，主重藝術性　（黃著121頁~127頁）。

　　美學之言外之意：又分因象悟意和一言多意。詩詞只寫景象，由讀者把玩而悟出其言外的情意、含蓄吞吐、欲露不露才有趣緻，此即因象悟意說（黃著119頁~120頁）。「六

一詩話」所引梅聖俞言外之意說，如：溫庭筠之「雞聲茅店月，人跡板橋霜」和賈島之「怪禽啼曠野，落日恐行人」，含蓄著「道路辛苦，羈愁旅思」之意，但全寫具體景象。此即語言以外之意涵，通過詩中具體景象之描摹，由覽者自行會悟。詩之藝術在作者把心中的情意換作景象具體的表達，使覽者覺得景象若真若活，而體悟含蘊之情意（黃著 134 頁~135 頁）。中國文學批評向以情景、意象、意境等概述詩篇予人之整體觀感。情意和景象係相對而言，而「情景交鍊」（張炎語）、「意與境渾」（王國維語）是詩藝高度成就。只述景象不說情意而情意自傳，同樣是詩藝至高成就。神韻是精神韻致，不可捉摸只可感悟之情意，乃相對於景象而言。（黃著 151 頁）

　　詩中之一字、一句或全篇可作多種的解釋，而諸意並行不悖，不但無傷詩藝之美，且有益其多姿之趣，其得力處在一言多意。常人每以一言一意，如今可一言多意，此多出之意即言外之意（黃著 120 頁~158 頁）。一言多意說與西方現代批評所謂的「多義語」（plurisignation）相同。由景象暗示之意不限一種，溫庭筠〈商山早行〉之「雞聲茅店月，人跡板橋霜」寫「晨起動征鐸」之景象，讀過《西廂記》者說不定會想到張君瑞上京考試途中，在草橋店夢鶯鶯之情景；而雞聲也是旅人的共同經驗，晨雞初啼殘月仍在，不知是夢是真，及至霜氣逼人，悸然而驚，身在旅店，一天的征途又要開始了。讀者有權聯想自己之經驗，而其詩句即為多種聯想之催化句。想像力有歸納與演繹的作用，鑑賞者應能把雞聲、茅店、月、人跡、板橋、霜六個物象歸納成可感之「境」

而得其「意」；鑑賞者也應演而繹之，把此意境和其他的經驗相聯綴比較，觀賞趣緻。面對含蓄隱約，富言外之意之作品，須沉思、細味、力索，方得「敲擊不已，火光始現」，而此火光就是鑑賞者之心得，是想像力發揮極至之收穫，是創造力之表現，是鑑賞之樂趣，亦即妙悟。因象悟意固需悟，一言多意亦為悟出。（黃著 120 頁~170 頁）

　　向陽指出，「符號之運用，在被使用之過程中，符號使用者和符號世界之間表現了繁複多變的互動，加上透過發表或出版的行為，而有符號接收者之出現，又產生了新的互動關係，再現新的詮釋意義，因此符號既出，便無所謂唯一、單純、絕對、不變的意義。詩之多義性，是此雙重互動架構中產生的；詩之意義，不是其表面或本身，而是包含在詩符號之外延、內涵，以及由此建構之文本脈絡之上，經作者、讀者共同創造出來的。

　　而黃維樑指出，「詩中之一字、一句或全篇，可作多種解釋而諸意並行不悖，不但無傷詩藝之美，且有益其多姿之趣，其得力處在於一言多意，此說與西方現代批評的『多義語』（plurisignation）相同。」

　　綜觀黃維樑及向陽二博士之論述，可見李長青近年以落葉為書寫對象，寫出了 64 首涵括在『落葉』詩題下之詩，也可被視為係他對「落葉」，此符號底下多重內在意涵之探觸、詮釋和引申了；與近代文學界所崇尚之一言多義相同，係對一言多義之引申、詮釋與擴大而言之。

　　李長青在其《落葉集》〈後記〉，提到「現代詩之橫的移植與縱的繼承，作為寫詩之人，希望在詩完成的過程中盡

量無所悖逆，甚至能互爲援引；文學之爲藝術，美學與技巧須兼具，許多詩句的畫面常是忽隱忽現的、若即若離的。書寫落葉，無論寫實象徵，物器鬼神，爲了一個相同的主題反覆的進行試驗著，希望在場景不斷變換之詩行中，專志創新於任何未曾嘗試之詩藝的表現，飛越淮南子書中『見一葉落而知歲之將暮』給世人之既定印象，開拓現代詩語言之疆域與風貌。

落葉之於我，已然是一道胎記了，縈縈不去；形式之拆解與實驗，語言之轉換與獨立，主題之深鑿與變異，詩藝之撞擊與揉合，這些落葉早已潛入血管心脈、動魄勾魂。」

「我揣想有的葉子認爲自己是飄邈微小，猶如蚍蜉撼樹，有的葉子自認可以聲振林木、穿雲裂石，不同的葉子有不同的口吻，模擬各種葉子之外觀與心事，語氣必須不斷的改變。這些想法都與落葉有關，也與我臨摹落葉之音聲，湯湯交響著。」

又說「相信每個人心中都有一片屬於自己之落葉，落在曉風殘月也落在星垂之平野；落在思緒坦平之大道也落在心神馳騁之彎路；落在自己之意識與潛意識，落在心田某個清楚或模糊之位置，像世事變遷、蒼蒼鬱鬱、蔚蔚離離；或者我們每個人都曾經是一片落葉，飄若游雲、嬌若驚龍，因爲忘不了降落途中之風景，才又回到這個世界……。」

凌性傑在〈枝骨猶原在〉，如此說「就句式之長短外顯而言，我們稱之爲形式，然而廣義來說，那何嘗不是一種具體化之內容？長歌短調在長青筆下皆有所安，長青最精采的還是短歌微吟。這也許關乎天生，本於質性，他差遣短句要

比長句靈動機巧。他說『我不禁想到，還要多久／才能枯黃……』，又說『我知道／一片落葉／是要這樣落下的……』。此中有深意，而詩人練字如練金，偉哉其術。寫詩近乎民謠體式，棄去斧鑿雕弄，長青應已找到最適合自己之音韻。」

　　又說，「詩集以『落葉』為名，那是對土地、家國、世界的眷戀，由此可看見其愛與愁。那又是一種傷嘆？棄我去者，早已不可留。而我聽見長青沉穩溫暖之訴說，世間萬物之美好，在文中存留下來。即便落葉紛紛，只要枝骨猶然在，就能撐起一片晴好之天地。散盡繁華，直指最內裡之真淳，春去又回來，知我者青青其葉，一瞬之間竟都長好了。」

　　孫梓評〈有聲──讀李長青《落葉集》〉，寫著：「閱讀李長青之《落葉集》，忽然好像來到時空被寄放的那一刻。詩或許是無用的，一如無聲之聲。然而沉默之龐大，卻往往超乎想像。李長青可以透過落葉之形式，反覆思考推索。由落葉之存在、象形，到賦予隱喻，摺疊死亡意象，乃至情事之歸屬與剝離（試著揣摩葉若離枝之悽清肅然，或萎地成泥之無言軟膩），這樣使落葉之可能，擴張飽滿、層層疊疊。記憶中李長青之詩，總是乾淨清潔、無晦澀難解之處，也不賣弄特異情調。在《落葉集》之詩句，都保持這樣的長處：節制之情感表達，或援引、或抒情、或自擬。在詩行裡，彷彿有秘密的暗礁，隱沒在語言之底部，那裡總是騷動著等待一次完整之傾訴，就像葉子別無選擇必須墜落那樣的，會有人懂得內裡百轉千迴之情意迷宮，已發展出怎樣繁複之敘事性，會有人願意暫時駐足思考一種迴旋，就像置身龐然方程式中，抵抗那些哲學性之折磨，像體內所栽靈魂香草，仍能

熬煮一鍋自我救贖之解藥？

　　又說「落葉有聲，在詩意之界限內外，集合彼此、時間與孤獨。哪怕經歷的是完成之反面，或無故穿越破碎，自每一葉被閱讀之那一刻，聲音都散發出無言之光，而每一次的撲面而來之沉默，都是誠實面對內在應有之巧合。」

　　向陽指出「這本詩集共分六輯，輯一『更遠的天涯』將落葉擺置於天地自然與人文思考，探看『落葉』天涯飄零，覓尋泥土與落腳處之無奈（或平靜），因此落葉可以是自然的『躺在出生的地方』（第一首），是『一首詩／滂沱於換行之間』（第三首），是戰爭與歷史飄零（第七首），也可以是『大地的拓印』（第十首）。這輯詩作，也試圖翻新『落葉』之舊符旨，所指『飄零』之意涵，讓落葉和土地結合，因土地而獲得『圓滿』之新意（第十首）。輯二『完成以及，未完成』，運用符號排置、拼貼和鑲嵌之圖象效果，進行新的詮解。這些圖象詩之實驗，策略上明顯區別於其他各輯，也有側面強化該詩集多義演出之效果。輯三『何草不黃』則多集中於生命哲學或思想之反思與探照，……落葉與生命悲喜、落葉與生活哲學之探討。至於輯四『薨薨蟲鳴』、輯五『我獨自穿越森林』之情詩，古典、抒情、浪漫、婉約，又迷人十分。輯六『彼日下晡』為台語運用，有翻新台語詩語境和開拓台語詩探索內在心靈世界之意圖，且多表現得相當成功。」

　　李長青，筆者於笠詩刊 2006 年會謀面，後在楊惠南教授（楊南），宴請趙天儀教授夫婦時，於途中及落席其側之交談，才有些認知；初步印象，他是一位彬彬有禮、有相當進

取心、帶點淡淡憂鬱的人。李長青之詩除典故以外，其用詞簡易清新易懂；誠如凌性傑所說，「寫詩近乎民謠體式，棄斧鑿雕弄，長青應已從中找到最適合自己的音韻。」而孫梓評亦稱，李長青之詩乾淨清潔，無晦澀難解，也不賣弄特異情調。本文共選其《落葉集》之落葉 1、2、4、8、29、55 及落頁 43，共七首；其中 1～8 為輯一『更遠的天涯』，29 屬輯三『何草不黃』，55 屬輯五『我獨自穿越森林』，落頁 43 屬輯四『薨薨蟲鳴』。

　　以下分別詮釋：

◎落葉 1

並不是
離開

現在我靜靜地
躺在出生的地方
我的眼睛
看得到
更遠的天涯

這裡沒有風
我不必再擺盪
醒與睡之間

這裡沒有雨

安詳的氣候貼著
平靜的心

我知道
一片落葉
是要這樣落下的……

該詩詮釋：

這並不是離開。現在的我，靜靜地躺在我出生的地方；長大的我，我的眼睛看得到更遠的天涯裡，那裡有我飛躍的夢與理想。

那裡沒有風，我不必再擺盪了，在醒與睡之間，在陰與陽、在理想與現實之間，在美好與醜陋之間，在成長與衰老、在健康與病老之間。

那裡沒有雨，我不必再擺盪了，在醒與睡，在陰與陽，在現實與醜陋，在衰老與病死之間；那裡有的是全然安詳的氣候伴著平靜的心。

我知道一片落葉是要這樣落下去的；一個宿命的完成，必將是這樣子的落下去的。

字辭詮釋：

1、「擺盪」：「擺」指搖動，「盪」指擺動；「擺盪」接下文「醒與睡之間」，可見此處之「擺盪」，指有規律之搖動。

2、「醒與睡之間」：指白天與晚上，或指生活，有擬人化之工作與休息之意；更有陰與陽、理想與現實，美好與醜

陋，成長與衰老，健康與老病之延伸意義。

　　3、「貼」：緊靠、切近、黏附起來、補助之意，此處以黏附、伴同、依隨解之。

　　4、「落葉」：「落」指東西從上往下掉或下降，「落葉」指往下掉落之葉。

◎落葉 2

　　我發現
　　我不曾枯黃
　　天氣晴朗

　　光明的泥土
　　擁有香氣燦爛
　　彷彿鳥的翅膀
　　身邊飛翔

　　我知道我是一片落葉
　　喜悅多於悲傷的落葉

　　當我輕輕落下的時候……

該詩詮釋：

　　我發現我不曾如同世俗一般的老去，如同世俗一般的步入死亡的枯黃裡，我的枯黃竟是生命的完成。我的心境是天氣晴朗，日子順遂，心境安詳。

　　光明的泥土，擁有芬芳的氣味、入目又光彩鮮明，彷彿鳥的翅膀在身邊飛翔著；光明的泥土，令我心曠神怡，深盼飛奔直撲而去擁抱著。

　　我知道我是一片落葉，喜悅多於悲傷的落葉；我勢將飛奔直撲而擁抱的未來，那可是一片光明的泥土，在那裡擁有芬芳的氣味，入目又光彩鮮明的泥土。

　　當我輕輕的，自然而然的落下去的時候……。

　　字辭詮釋：

　　1、「枯黃」：「枯」指死的花草樹木，是乾的、乾癟的，「黃」指顏色，如金子之色；「枯黃」指變黃了、老了、不再被輸送養份了，此處指老化、失去朝氣的生命力，引申為憂傷、感嘆、哀傷。

　　2、「泥土」：指水與沙土的混合物，此處引申為土地、大地，為生活住居所站立之地。

　　3、「香氣燦爛」：「香氣」指氣味芬芳，「燦爛」指光彩鮮明的樣子；「香氣燦爛」指聞之氣味芬芳、視之光彩鮮明，令人心曠神怡之外在環境。

　　4、「翅膀」：指昆蟲或鳥類之雙翼，用以飛翔或協助奔躍的部位。

◎落葉4

　　必定看得懂
　　是哪一種
　　舞

黃昏黎明
都在其中

一切未知的型態
炫目，淒美，華麗
蕭索以及空靈
必定喚得出這些節奏
像一場慶典
必定聽得懂
是哪一首歌

輕輕落下之後
我知道
我是一片渺小且幸福的
落葉

該詩詮釋：

我已參透知曉了，我的落下，我必定看得懂那會是哪一種的舞姿了。

我的生存、我的成長，我的工作、我的休息，我的喜怒、我的哀樂，盡在其中了。

對我來說，我未來的落下，那一切未知的型態，將會是光彩耀眼的，也將會是淒涼、悲愴得令人墜入其氣氛，沉浸在其中，而享受淚流、冥思等的發洩之快感；而那將會是華美豔麗的，那將會是蕭條冷漠的；而那也將會是虛無不實、

絲毫沒有任何的東西，而那將只有放空一切的圓寂！對我來說，我未來的落下，那將必定會是嗅得出來的那些音樂調子了，有其高低、快慢的節奏，就像一場慶祝典禮的儀式，而那將必定會是可以聽得懂的，那是哪一首幸福喜悅的歌聲。

　　輕輕的落下去之後，我知道我是一片渺小的，而且幸福得很的落葉。

　　字辭詮釋：

　　1、「黃昏黎明」：同落葉 1 註 2「醒與睡之間」。

　　2、「型態」：指樣式。

　　3、「炫目」：指淒美、華麗，是光彩耀眼之意；「淒美」指淒涼、悲愴得令人墜入其氣氛，沉浸其中並享受淚流、冥思等發洩之快感；「華麗」指華美豔麗。

　　4、「蕭索以及空靈」：「蕭索」指蕭條冷漠，「空」指虛無、不實或絲毫沒有任何的東西，「靈」指鬼神或靈秀之氣。「空靈」：一般用以形容山川秀麗，深具靈秀之氣，置入其間，令人放空了一切；此處似指放空了一切，具有圓寂之意。

　　5、「節奏」：指音樂調子之高、低、快、慢。

　　6、「慶典」：指慶祝之典禮儀式。

◎落葉 8

　　我不禁想到，還要多久
　　才能枯黃……

　　鳥兒只顧飛翔也只願不停飛翔

　　翅膀裡
　　沒有我的答案

　　如何我才算成熟呢？要如何
　　才能開始練習
　　第一種姿態

　　安穩地落下

　　像其他的翅膀一樣
　　只願不停飛翔

該詩詮釋：

　　經過長久的等待而沒有實現之後，我不禁要想到，還要經過多久時間才能夠變成枯黃……。

　　問鳥兒，但見鳥兒祇是自顧自的飛翔著，也只願意不停的自顧自的飛翔著；在鳥兒的翅膀裡，那裡也只有飛翔的慾望與毅力了，並沒有回答我的任何話語。

　　我要如何，我才會算是成熟的呢？我要如何，我才能夠開始練習那最初始、最簡易的第一種姿態；我要如何，我才能開始安穩地落下去。

　　我要如何，我才能就像其他的翅膀一樣的；我的落下去，和其他的翅膀一樣的，我祇願意不停的飛翔著，享受無止境的飄逸，永遠永遠的飛翔著。

　　字辭詮釋：

1、「飛翔」：指鳥類或昆蟲類振動了翅膀，以在空中往來；或人造飛行器在空中的往來。

2、「成熟」：指事機已到可見到成效之地步，或比喻人心智之長成。

3、「第一種姿態」：指最初始的、最簡易的之姿態。

◎落葉 29

你在書裡
梳理奧義

我在夾縫中
平坦自己

文字時而淡恬時而熱烈，你說
我是最後的句點

你在我身上嗅出心事
超過一張書籤
願意服務的範圍

頁數有時增加
有時遞減

你說
我是你最後的

　　據點

　　該詩詮釋：

　　你在書裡整理著精深的義理，這個要這樣才行，那個該那樣才對。

　　我在書頁的夾縫中，平坦了自己的那些凹凸高低、起伏不平的情感現象。

　　你紓發的文字，時而淡然寡慾，時而熱烈、多慾望的，你說我是你最後的句點，我是你長久追求尋覓的最終終點站。

　　你在我的身上嗅出了我是有些心事的，你察覺到我那心事的，是超過一張書籤願意為你服務的範圍了。

　　之後，你就有意的把頁數，有時是增加的，有時是遞減的，玩著那種躲貓貓的遊戲，讓我猜不透你的心思，而且你還因之自鳴得意、自得其樂得很。

　　你說我是你最後的佔領據點，你想怎麼樣就可以怎麼樣的，你愛怎麼樣就可以怎麼樣的，你可以興之所至的恣意作為著，就像主子對待奴僕一樣的。

　　字辭詮釋：

　　1、「梳理奧義」：「梳理」指以器具整理，比喻有意的打理、整理；「奧義」指精深的義理。

　　2、「夾縫」：「夾」指挾藏書畫用之板片或指雙層的，「縫」指縫隙；此處指夾於書頁中，以書之上下頁挾之。

　　3、「平坦自己」：「平坦」指沒有凹凸、高低的現象；「平坦自己」指讓自己沒有凹凸、高低的現象，或指舒解凹凸、高低現象，讓凹凸、高低現象消失掉。

4、「淡恬」：「淡」指清靜少慾念，「恬」指安然不驚動；「淡恬」同「恬淡」，均指淡然寡慾。

5、「書籤」：同「書簽」，指夾於書本裡的紙簽。

6、「據點」：指軍隊據守的地方。

◎落葉 43

　　—— 給如

輕輕一張，昨夜燈下
盈盈潦草筆跡
有當年青澀回憶

愛情像信紙
專情等待
填入深刻的劇情

薄薄一張
滿滿思念
愛情像落頁，從高中到大學
每個動作都充滿聲音
可以撿拾
讓人紀念的粗心
可以再溫習
讓我們心碎的痕跡

我們的信仰

　　是一棵茂盛的樹
　　落葉已成頁數，已成不滅的聲音
　　年輕以及老邁的聲音

該詩詮釋：

　　在輕輕的一張薄紙上面，有昨夜燈下所書寫的，塞滿了眾多潦草的筆跡；在其字裡行間有著當年的青澀回憶。

　　愛情就像信紙一般的，情意專注又堅持的等候填入深刻的戲劇情節。

　　薄薄的一張紙，卻塞滿了思念；愛情就像寫下思慕思念的紙頁，從高中到大學，每個動作都充滿了音聲。戀愛的時節，可以撿拾一些令人無法忘懷的思慮，以及有欠周到的事蹟，比如忽視了該注意的第一次的見面日、對方的生日、定情初吻日、結婚紀念日等，那些都是該紀念的日子；戀愛的時節，也可以再溫習，讓我們心碎的，過往的傷心失望的事跡所遺留下來的刻痕。

　　我們的信仰，總是有一棵滋長茂盛的樹，落葉已成以文字記載事蹟的紙頁，它已成不滅的音聲，不管是在年輕的，或是在年老的音聲。

字辭詮釋：

1、「盈盈」：形容女子體態美好之貌，或水清澈晶瑩之貌；此處似指眾多、盈滿之意。

2、「專情等待」：「專情」指情意專注又堅持著，「等待」指等候著。

3、「劇情」：戲劇裡之情節。

4、「落頁」：寫下思慕思念的紙頁。

5、「讓人紀念的粗心」：「紀念」指具特別意義、令人印象深刻，深具追憶、緬懷之事蹟。「粗心」指思慮欠周密、遺忘；「讓人紀念的粗心」指令人無法忘懷卻常忘懷；亦可解爲無視於或忽視該注意之第一次見面日、對方生日、定情初吻日、結婚紀念日等日子。

6、「心碎的痕跡」：「心碎」同心死或心灰，指失望、絕望，「痕跡」指過去的事情所留下的跡象、刻痕；「心碎的痕跡」指過往的傷心、失望事跡，遺留下來的跡象或刻痕。

7、「茂盛」：指興旺發達或草木滋長很茂盛，此處指後者。

8、「頁數」：指以文字記載事蹟的紙頁。

9、「老邁」：同年邁，指年老。

◎落葉 55

世界
是一個陷阱

生命的規則
繁複，壯麗
而詭譎

詩人啊，請勿
自作多情
隨意澆灌我們，以淚

已喪失鹽分的淚

枯黃的修辭
必要詰問：
比我們更為渺茫的人們
你們甚至
沒有自由

「往某個更精緻核心
落下的自由」

該詩詮釋：

世界是一個處處有坑洞、機關的陷阱，也是時時有人會設置計謀陷害你的地方。

生命的規則是繁多複雜的、健壯美麗的，而且是奇幻難料、變化多端的。

詩人啊，請勿自以為富有豐富的感情，就隨意的以淚澆灌我們，以博取我們的同情心與憐憫心；你那淚水是已經喪失了鹽分的淚水，你那故事是虛情假意的故事，造作的、悲傷痛苦的故事。

套句你們的陳腔濫調，那是了無創意的修辭呀，如此的盤問著你們：比我們更為渺茫的人們，你們甚至，沒有自由。

（你）可以有「往某個更精緻的核心落下去的自由」嗎？

字辭詮釋：

1、「陷阱」：指設地洞或機關以捕獸物者，或設置計謀

以陷害他人。

2、「繁複」：指繁多複雜，「壯麗」指健壯美麗。

3、「詭譎」：指奇幻難料、變化多端。

4、「自作多情」：自以為富有豐厚的感情。

5、「已喪失鹽分的淚」：淚本是含有鹽份的，「已喪失鹽分的淚」指虛情假意的、造作的悲傷、痛苦之故事。

6、「枯黃的修辭」：「枯黃」指枯萎變黃，形將萎謝之草木或草木的葉片，暗指陳腔濫調、了無創意；「修辭」指修飾語句。

（2006.09.09-2006.09 成稿／刊笠 259 期 2007.6）

詮釋陳明克〈我與詩〉演講
所舉例詩五首

　　陳明克在其詩集《地面》〈後記〉說：「十多年前大學生涯接近尾聲時，決定以大部分時間用在文學上」。他認為：「惟有精神達到尖峰時，才能創作詩篇。相形之下，科學就不需要那麼苛刻。」

　　「理性的思考，數學、實驗，幾乎都是脈絡分明的，每一步都有其理由，都是可依恃的。因此他很自然也很粗糙地分別了文學與科學在生命中的輕重了。」

　　他說：「想想看，創作之時，可讓一個困於形骸、習俗、時空、思想種種羅網中的生命變得超然物外，無所不在，那是何等的吸引力。」或許是基於這種自覺，所以雖然他取得物理學博士並於大學任教，但仍不時創作詩與小說慰藉自我，豐富人生，並希冀對人生、社會、家國、萬物的人文關懷與他人分享。

　　「人有時具雙面性，甚至多面性，此經常是一種互補與妥協，並求取平衡與中道。人文思想有一重要觀念，即是要學習理性，要具有沒有『絕對的』的觀念，也不是凡事都有『結果』的。做為物理學博士，陳明克之悠遊於詩藝，誠如

前述，係植基於他深厚的人文素養使然，『慰藉自我，豐富人生，並希冀對人生、社會、家國、萬物的人文關懷與他人分享』」。

　　陳明克在 2001 年 11 月綠川新詩話會的演講〈我與詩〉，他說：「詩之所以為詩，大家都認為有種可感受到的詩意。」

　　「體會詩意，捕捉詩意卻似乎有很大差異，因此衍生各種流派。捕捉詩意有以圖像呈現，有以文字捕捉表達。」

　　「對以圖像呈現所捕捉到之詩意，他說：據考古學家發現的證據，數萬年前的人類，在穴居的洞壁上畫出當時的牛馬之類的野獸。約在同時人也會埋葬死去的親人，並且還有陪葬物。那些壁畫以今日的眼光評斷，也是傑出的藝術品，非複製自然，但傳神地畫出牛馬的奔騰。繪畫的目的無法得知，但顯然不為狩獵。」

　　「埋葬行為則令人猜測，死亡震撼人心。陪葬物則充滿悲傷與想像，這幾乎是詩意了。」依陳明克之見，那時的人發覺了人與自然界的『新』關係、人『新』的處境。陳明克所說之『新』，是因以前未發覺過。他說，「套用日本詩人西脅順三郎的說法：『發現新關係時喜悅之情，哀愁的意識。』這種情感即為美感、詩意。當然數萬年前還沒有文字，他們以他們的方式——圖像，呈現感受到的詩意。」

　　他又說：「國中二年級時在校園清掃落葉，陣陣微風吹著樹，遮蔽天空的樹葉和地面上的樹蔭，都搖晃著。他突然感受到一個不同於平日所見到的時空，緩緩展開。……那種驚愕、哀愁的美感，仍保藏在他心中。之後，開始寫少年情懷的情詩；那時的情詩就是發現了 —— 迷人的新的關係、迷

人的感情、令人手足無措的知覺，處於變動、不安，不知道
有怎樣的未來。如詩集《地面》的第一首詩〈少年郎〉。」

　　陳明克說：「早在以文字創作詩之前，就以其他的方式
寫詩了。那些都是在國小乃至於學齡前的事，最早是在外婆
家過夜發生的。近四十年前，那時床舖是榻榻米，睡覺定要
掛蚊帳。半夜不知怎樣，突然醒來看著灰暗的四周（其實是
蚊帳）　茫然而不知道身在何處。迷失、孤獨的悽涼把孩童
的他驚嚇住了，他蜷縮著身體。幸好，看到睡在周圍的家人，
才回復、安心地再入睡。這種圖像式深入內心的震動，日後
並未消失。最近，他甚至在深夜醒來而體會到不知道自己是
誰，在那裡！他不禁要懷疑與自認熟悉的世界之連繫了，是
否脆弱異常，還是他平日總故意的忽略世界的真實。那一刹
那的迷惑，正在嘲諷他的理智。近乎這樣的經驗所寫的詩，
如〈河堰〉。」

　　陳明克又說：「我想再引用另一首詩〈蒲公英〉，詩寫
於 1997 年，但詩中被吹散的蒲公英是在 1982 年在金門服役
時，連集合場碉堡上面的那株蒲公英。那時的蒲公英被微風
吹散，他心中有說不出的感覺；卻在十多年後，突如其來地
在幾分鐘內完成了詩作。他是想利用這個例子說明圖像式的
思考異於邏輯思考，它有根源，但成形的過程似乎很難掌握。
成形所需的時間時快時慢，他所謂的成形，意指圖像震動心
弦。他體驗到最快的要算《歲月》中的〈天使之舞〉、〈夢〉；
但一取材於現實世界，一來自夢中，而其特點是他馬上感受
到含蘊著特有的意義。不同的是，夢中情境對他而言只有一
種，〈天使之舞〉的情境另有其現實的一面，但詩中的情境，

以無比的力量在刹那間佔據了他，使他覺得那比現實的更真切。」

「他想那是極具震撼的，現實的世界在瓦解、退開，浮現出另一別具意義、悲愴的美感。」

在寫詩的經歷中，最令陳明克覺得寶貴的，就是他更清楚自己的思考過程。陳明克說：「掌握圖像式思考比邏輯思考要難太多了，但許多對人世的另一番見解，以詩的美感常呈現在我心中，則是我最珍惜的。雖然我不知道，我因此會走向那裡，但我相信終會有完美的境界。」（蒐錄於《暗路》）

陳明克的演講，其重點在：「詩之為詩，應有種可感受到的詩意。詩意之體會，有以圖像呈現，有以文字語言留存；惟均在於發覺人與自然界的『新』關係、人之『新』的處境。所謂『新』，係相對於自己或人類而言，有時是對自己而言為新，有時是對全人類而言為新。自己之感受或創作，不管是圖像呈現或以文字語言留存，均係立基於感受到驚愕、哀愁的美感；感受到迷人的新關係、迷人的感情、令人手足無措的知覺；感受到迷失、孤獨的悽涼；感受到變動、不安，不知道會有怎樣未來的情緒。而其詩之素材，有取材自現實世界者，有來自夢中者。寫詩，讓他而言，係對人世的另一番見解，以詩的美感呈現，希冀終會有完美世界。」

以下將該演講舉以為例證之詩作，提出詮釋：

◎少年郎

萬里的雲裏
帶球上籃

飛鳥在天。
把歡呼留在耳邊
盤旋

踩著草地回寢室
吆喝沒有熱水
一會沉入
無聲無底的迷睡

雨中有人吹笛
又是恍惚的夢裏
獨自在稠黏的泥中
焦急地要拔出腳
天在四方？
浮沉飄移？

隔日課後又到球場
一說起
稍稍皺眉
一下子抄到球
喀喀喀笑得像沸騰的水
蒐錄於《地面》

原作者詮釋：
該詩的夢境，是那陣子常夢見的夢。而這樣的夢境，逼

著他自己思考肉眼所見到之世界。

分析：

雖然陳明克指該詩中有夢境，而這樣的夢境逼他自己去思考肉眼所見到的世界。但我毋寧將之視為是劇烈運動，體力超出了負荷，情緒過度的振奮所使然，導致潛意識的浮現。潛意識有時是他這輩子所經歷過的，有時是他前世所經歷過的，而有時又是未來將發生的，所謂的「預見」。人之為動物，不僅是有四肢可自行的移動，而且有思考、判斷、情緒、記憶、語言、預測、猜想等能力。就筆者的記憶來說，有者一下子就遺忘了；有者會長留心中，平時想都想不到的，卻會在若干年後又浮現出來，而且歷久彌新的，更加的清晰實體。

夢或者說潛意識，甚至於是靈魂、鬼怪、前生後世、命理、念力等。所謂的「玄」字，有人以科學方法在研究著，有人以統計分析著，有人以心理學去探討，也有人以宗教觀念去解說。雖然孔子曾說：吾不言鬼、怪、神、力；指的是他不談鬼、怪、神、力，但他並沒有否定其存在之意思。對「玄」字，古今中外仍有許多人在著迷，在執著探討。筆者一向不信鬼、怪、神、力的，但也沒有去全盤否定，人世間似乎真的有許多未解的迷；惟筆者亦認為自身時保善心，所謂的邪不勝正，即使真碰上了，自也會平安無事，而神魔一線之隔，正氣自可退除陰氣。

筆者亦有此種經驗，幼年之時或許瘋的太利害了，爬樹、盪鞦韆，追逐、扭鬥的，或者現在偶而有的飆舞，體力過度透支而不自知，興奮過度而無法平息。當天或次日睡夢中就會虛懸在空中，無依無靠的，孤單寂寞的，有不知如何自處

之茫然與恐悸，亦有如魂魄脫竅而出無依歸之空虛茫然，待**驚醒**才發覺小腿在抽搐，伸都伸不直的，而其痛徹心扉之苦狀往往逼出淚珠數滴，痛不欲生的；待抽搐康復後，抽搐又已消失得無影無蹤了，全然無覺於抽搐之痛楚。

該詩詮釋：

天空中雲層密佈著，（我）帶著球飛躍上籃，一如飛鳥在天空中的翱翔，突的竄起來，那種英雄的氣慨，令人氣定神怡、神清氣爽，一點兒也不覺得累。此時耳邊傳來不間斷的歡呼，是那可人兒的激勵，而那歡呼久久的盤旋、迴盪，不絕於耳。

球戲落幕了，（我）不再在天空裡翻騰翱翔，忽的降落在人間，踩著草地的回寢室了。而這只是一個藉口：吆喝著沒有熱水，沒得洗澡了；所以就不用洗澡了，而倒臥在床上睡了，而且不一會兒工夫的就沉沉的入睡了，一切是靜悄悄的，一切是深不見底深沉而迷糊的睡了。

在雨中但見有人在吹著笛，是哪個可人兒**驚醒**了我的夢，又是在恍惚中的半睡半夢裏，心急的奔向她，卻是獨自孤單的陷在稠黏的泥沼中無依無靠的在奮力掙扎，焦急地想要拔出那深陷在泥沼中的雙腳，卻是越拔越陷而越深入，心驚莫陷入莫陷入，天到底在哪裡？而我天旋地轉都快被埋沒了，而我的魂魄浮沉飄移著？（我）將要沒頂了，而我無力的吶喊，卻是一無救援的。

隔日下課後又到了球場去，一說起昨日夢見的她，稍稍皺皺眉佯裝沒事兒的，那單相思卻是苦酒滿杯；一下子抄到了球，又是喀喀喀的笑得像沸騰的水，這下子可樂了，又可

以英雄氣慨的離地騰躍在空中，然後拋出一個空心球得分；
而那可人兒的激勵歡呼又將不絕於耳的，她是美女我是英雄
呀，但卻是在愛情路上不聚首，單相思呀單相思。

◎河　堰

斑駁的樹影搖晃著
不知道從何處走來
我突然疲憊地靠在樹幹
望著陌生的
浸在薄霧中的城市
而
她像影子飄忽
狡點地在樹林間
（不像是天使）
淺淺笑著

我從夢中驚醒
（我幻化成溪河中的魚）
（被河堰阻斷）
雙手慌亂地捕捉樹影
她在我背後坐下
輕輕按著我的肩膀
淡淡的香氣雜在
紛飛的落葉中

茫茫的水中
我只是一隻不及五指的魚
任水流推送
如她未來之前
突然隆起的河堰
像巨蟒
切斷她引導的路
我偶爾不甘心
擊水躍起
流水冷漠蒼茫
緩緩升起到處遊走的霧
在似乎看到河堰另一邊
她的身影時
我重重落回水中

她牽著我的手
（微微顫抖）
傾聽我的夢境
像笛子的風似有若無
暗紅的夕陽緊追著
到處旋轉掉落的葉子
我在灰濛濛的清晨醒來
隱約被推移著
不知道在那裏

1998.12 作　蒐錄於《歲月》

原作者詮釋：

半夜裡我不知怎麼樣的突然的醒來了，（我）看著灰暗的四周（其實是蚊帳），茫然不知道自己到底在那裡。迷失、孤獨的悽涼感覺，就把孩童的我驚嚇住了，我蜷縮著我的身體。幸好，一下子就回復了，看到睡在周圍的家人，（我）才又安心地入睡。這種圖像式，深入內心的震動，日後並未消失。最近，我甚至曾在深夜醒來，體會到不知道自己是誰、又是在那裡的感覺。我不禁的要懷疑著，我與我自認熟悉的世界的連繫是否是非常的脆弱，還是平日裡我總故意去忽略世界的真實性。在那一刹間的迷惑，正是在嘲諷我的理智。

分析：

古人說：日有所思，夜有所夢；現代的說法：夢是一種潛意識的浮現。以佛教來說，潛意識有時是他這輩子所經歷過的，有時是他前世的記憶，又有時是未來將要發生的「預見」。在生長環境或經歷上，或許有許多人與陳明克是相同的；筆者亦然。筆者於童年時夢中的驚醒，在那一刹那間的虛無飄渺、孤寂悲愴、不知身在何處，何以降生在人間的無奈，總要讓我推推碰碰我身旁的兄弟，感受他們實體的存在，（我）才會回神心安，才知道我自己猶在人世間。於今回想童年的點滴，主角各自奔波東西，經年難得見面，或許是緣深童年相聚，緣淡各飛東西吧，滄海桑田令人不勝欷歔。不過，也罷，佛家說：放下放下，一切隨緣，自由自在；放下一切，心無罣礙，是為極樂世界。

該詩詮釋：

　　顏色混雜的樹影搖晃著，餐風飲露已多時的我到底是來自何處，到底我是從何處而走過來的，我茫然不知道；我突然疲憊地靠在樹幹上，望著陌生的、浸在薄霧中朦朧的城市，那是一個的未知與不明的地方；而她像影子一般飄忽，風一般快速，希望之霧正聰穎又狡滑地在樹林間裡淺淺的笑著，她不像是天使，她不是很善意的。

　　在夢中，我幻化成溪河中的一尾魚，（我）是被河堰阻斷困住的一尾魚；我從夢中驚醒，雙手慌亂地捕捉著樹影，樹影就是我的目標希望，卻是抓也抓不到的，而她在我的背後坐下。希望之霧，輕輕的按著我的肩膀，溫柔的；那淡淡的香氣雜在紛飛的落葉中，有一絲的溫馨，有一絲的激動。

　　在茫茫的水中，我只是一隻不及五指未成熟的魚而已，正任水流推推送送的，沒有自己的目標與希望，一如她未來之前的那段時光裡，那突然隆起的河堰會像一條巨蟒，切斷她引導指示我的去路。我偶爾不甘心的，就擊水而躍起，而流水冷漠蒼茫，而我那緩緩升起的到處遊走的希望之霧，在我似乎看到河堰另一邊她的身影，那希望之霧時，我又重重的跌落回到水中，希望之霧啊，妳在那裡？目標在那裡！希望在那裡！這裡惟有失望在譏笑、訕笑著我。

　　希望之霧，她牽著我的手，我的手微微的顫抖著，似有悲傷似有神往；她傾聽著我的夢境，而那凝神、那神會像笛子的風似有若無的，也似真若虛的。暗紅的夕陽緊追著我，到處都是旋轉掉落的葉子，無所不在的葉子飄落在我的四方；我在灰濛濛的清晨裡醒了過來，隱約被推移著而茫然不知身在何處。

◎蒲公英

風，好舒服
困在石縫中的我
因此能夠揮手
期待風吹來花香般的信息
（自虛空之中）

啊！我還在等待
不要把我吹散
我將消失無影

1997.4 作　蒐錄於《歲月》

原作者詮釋：

　　詩寫於 1997 年，但詩中被吹散的蒲公英是在 1982 年我所見過的；當年我在金門服役時，那一株連集合場的碉堡上面的那株蒲公英。那時候的蒲公英被微風吹散著，我心中有說不出來的感覺。卻在十多年後，突如其來地，那圖像震動了我的心弦，而在幾分鐘內完成了詩作。

　　該詩詮釋：

　　風，好溫柔好舒服的，風之吹拂，使困在石縫中與外面的世界久已隔絕了音信，那悶住、氣憋住氣的我，終於舒緩了一點，因此而能夠吸取一口新鮮的空氣，一口外面自由的空氣，也可以揮一揮手期待著風進一步吹來花香般的信息，自虛空之中捎來花香般的信息。

　　啊！我還在久久的等待著，等待著花香般信息的到來，等待故鄉音訊的到來；可別把我吹散了，一把我吹散了我將會粉身碎骨消失得無影無蹤的，永遠也別再想回到故鄉了。

　　在金門戰地，在不長眼珠子的砲火互轟中，（我）一個不小心就會被轟的粉身碎骨的，生命之卑微、戰爭之殘暴與恐怖，可見一斑。為了安全，鎮日經年生活於碉堡裡，不見日月、不見故鄉，其茫然、無奈、不安、恐懼、遺棄之情緒不禁油然而生，可還有誰記得我，關心我？可還有誰會管我死活？該詩藉由無助的蒲公英，被保護或者可說被迫住在危殆的碉堡裡，但仍逃不過砲彈的轟炸摧殘而粉身碎骨，而消失得無影無蹤，以闡釋戰爭之殘暴、可悲、恐怖，並勾勒出期待互信、關心、關愛與思親、思鄉之情懷。

◎天使之舞

不再甜美
纍纍的稻穗被轉涼的秋風
泛起微波
在破裂的地面來回訴說末日將臨
我勉強來到跪倒的大樓前
唱著聖詩
安慰自帳篷走出的人

昏灰的天色中
他們唱著聖詩
想著世界終結

新天新地浮現
我在搖晃不停的樹葉下
慌亂地徘徊
去或不去

有人坐在廢墟中哭泣
裸露的鋼筋像掙扎的手
自地底伸出
我想走近
警衛吹起刺耳的哨音
塵埃被風吹起
廢墟一片空茫

他們邊唱邊圍著跳舞
一圈一圈訴說滿心的期待
風吹著布條不斷顫抖
我孤單地
恍若迷失在異地

她忽然在跳舞的人群中
甜甜地笑著
他們不斷訴說恩典降臨
她慢慢走向我
歌聲卻驟然終止
人群紛亂如起伏不定的稻浪

我要走向哪裡？

飛揚的塵土一片空茫

　　　　　　　　1999.10　蒐錄於《歲月》

原作者詮釋：

〈天使之舞〉，取材於現實世界，但詩中的情境係以無比的力量在剎那間佔據我，使我覺得那是比現實的更真切。我想那是極具震撼力的，在現實的世界瓦解、退開，浮現出另一別具意義、悲愴的美感。

全詩詮釋：

不再甜美了，那纍纍的稻穗，被轉涼的秋風，在其頭上吹出微微的波浪，在破裂的地面上，來回的訴說著舊世界的末日已然來臨的傳言；我勉強的來到已被破壞的，已然屈服跪倒在舊世界的大樓前，唱著歌頌安息的聖詩，安慰那些自臨時暫居的帳篷內走出來的人們。

在昏灰的天色中，他們唱著聖詩，想著舊世界的終結，新天新地浮現的喜悅，我在搖晃不停的樹葉下，慌亂地不知所措的徘徊著，到底是要加入他們的行列，還是不要加入呢。

有人坐在舊世界的廢墟哭泣著，為了爭新世界的權利而哭泣著，裸露的鋼筋像掙扎的手，無力的、猙獰的自地底下伸出來，阻絕了新世界的呼聲；我想走近前去探視新世界的呼聲，警衛卻吹起刺耳的哨音，嚴重警告嚴禁靠近，塵埃被風吹起，舊世界未拆除，這裡猶有肅殺，已然殘破的廢墟裡面一片的空茫，不知如何自處。

他們邊唱歌邊圍成圈圈的跳著舞，一圈一圈的舞著，訴

說著滿心新世界的期待，風吹著的布條不斷顫抖著飄搖著，我孤單地，在新舊世界的交會處迷失了，恍若迷失在異地裡，陌生、不解、孤獨、悽涼又茫然的。

她忽然在跳舞的人群中甜甜地笑著，他們不斷的訴說恩典降臨了，新世界來到了；她慢慢走向我，而歌聲卻驟然終止，跳著舞的人群頓然紛亂如起伏不定的稻浪，不再甜美了，新世界在哪裡？我要走向哪裡？我該走向哪裡？飛揚的塵土一片的空茫，這是新舊世界的交會呀。

天堂與地獄、人間與地府、獨裁與民主、光明與黑暗、理想與現實、富裕與貧窮，這種新舊天地的交會總會令人迷惑，不知前去之世界將會怎麼樣的，雖然天堂、人間、民主、光明、理想、富裕的新世界都是我們所追求的，其定義較諸於其相反辭是吾人所憧憬的，然在其交會的過程上，其紊亂有時會是較諸已然熟悉的舊世界更令人恐怖的。雖然大破才會大立，但未明仍是心理上最大的負擔，而抉擇有時也是一種迷惑與徬徨。

◎夢

我好像還在
微風中的樹影下走著
不時期待地
望著樹後

很奇怪地我在
黃土場中奔跑

雲柱在附近漸漸生成
我一圈一圈原地繞著
有些模糊的人影
沈默地走著
我又得再一次轉彎
（雲柱好像旋轉了起來）

眼前忽然錯落枯萎的木麻黃
風呼嘯地把樹木折彎
恍若吹著口哨的風
好像捆住我
我穿行於搖晃的樹林中
沒有任何期望

她卻忽然走來
（雖然背著光）
似笑非笑地擦身而過
我看著她溶入雲霧的背影
苦苦思索
（沒有風
沒有木麻黃
沒有黃土操場）

　　　　　　　　1998.1 作　蒐錄於《歲月》

全詩詮釋：

　　我好像還在微風中的樹影下走著，不時期待地望著樹後，不期待著那裡會有些什麼東西的出現。

　　很奇怪地，我不知道我怎麼會在黃土場中奔跑著，雲柱在附近漸漸的生成了，阻絕了我前跑的路；我一圈一圈的在原地繞行著，就是衝不出那團迷障，在雲柱裡好像有些模糊的人影沈默地走著，而雲柱好像也旋轉了起來，那些模糊的人影好像被捲了起來的，而且雲柱又阻擋了我前跑的路，我又得再一次的轉彎了，以免被捲入雲柱之中。

　　眼前忽然錯落著枯萎的木麻黃，那都是風肆虐的傑作，風很大、呼嘯地把樹木折彎了，恍若吹著口哨的風，好像捆住了我；我穿行於搖晃的樹林之中，沒有任何的期望似的、茫茫然的不知所措。

　　她卻忽然走了過來，雖然背著光源，(我)依稀仍可看到她的似笑非笑地擦身而過，我看著她溶入雲霧的背影無端的消失了；我苦苦的思索著她，在沒有風，沒有木麻黃，沒有黃土操場的地方，一切似真似幻的。

　　　　　　　　　（2007.07.30成稿／笠264期2008.4）

析鄭烱明詩十首

　　鄭烱明，1948 年生，高雄市人，私立中山醫專（現爲中山醫學院）醫科畢業，蒙古國榮譽文學博士。現爲文學台灣基金會董事長，曾任笠詩社社長、台灣筆會理事長。

　　1964 年開始於報紙、雜誌發表詩與散文。曾獲中國新詩學會優秀青年詩人獎（1969）、笠詩獎（1982）、吳濁流文學獎新詩正獎（1983）、鳳邑文學獎（1998）、南瀛文學獎（1999）、高雄市文藝獎（2006）。

　　1963 年與同學合辦《藝漪》油印刊物；1969 年主編中山醫專校刊《杏園》；1982 年與葉石濤等南部作家創辦《文學界》並任發行人；1991 年與作家、學者創辦《文學台灣》雜誌，並任發行人。

　　著有詩集：《歸途》、《悲劇的想像》、《蕃薯之歌》、《最後的戀歌》、《鄭烱明詩選》，與曾貴海、江自得合著《三稜鏡》等。編有：《台灣精神的崛起 ── 笠詩論選集》、《穿越世紀的聲音 ── 笠詩選》，與李魁賢等人合編《混聲合唱 ── 笠詩選》等。

◎誤　會

那個藝人，滿身大汗的

在熱鬧的廣場上
表演他的絕技

他靜靜地立在那兒
突然，像隨風飄起的一片羽毛
停留在空中翻筋斗
然後落下
兩手撐著地面
成為倒立的姿勢
看著周圍驚訝的人群

我以為他是在用另一種角度
來瞭解這世界，然而
他的夥伴卻說：
他只是想試試他的力量
能否舉起地球罷了

—— 1970

該詩詮釋：

人心隔肚皮，每個人的作為、舉動，由於其發心、行動、程序、表情以及對方的情境感受不同，因之其解讀亦各有不同，所產生的效果也就不一樣了。

由於時空限制，誤會隨時會在你與他人之間產生，那是因為你與他之溝通，無法全面以語言、文字、表情去表達所使然，無法盡情的詮釋，解釋得清清楚楚。

　　因之所爲非所爲，所見非所見的；而誤會之產生皆係溝通不良所使然。該詩對藝人之表演絕技，有一番活靈活現的描述：「他靜靜地立在那兒／突然，像隨風飄起的一片羽毛／停留在空中翻筋斗／然後落下／兩手撐著地面／成爲倒立的姿勢／看著周圍驚訝的人群／／」其所用的文筆貼切，用辭具對比，且有高潮迭起的動作張力，讓人馬上在眼前顯現出一幅賣藝的凌空架勢，活靈活現的。

　　如果把此詩當成描述藝人外在動作之寫實作品也是很生動的；但詩人卻是用以表達藝人在內在的意念：「我以爲他是在用另一種角度／來瞭解這世界，然而／他的夥伴卻說：／他只是想試試他的力量／能否舉起地球罷了／／」

　　由這就點出標題旨意的「誤會」，再者也才知道是在描述藝人的內在意念，人不能單看外在表相而應深入其內心，觀其發心。

　　但緊接著，卻是更令人出乎意料之外的訝異、驚奇：「他的夥伴卻說：／他只是想試試他的力量／能否舉起地球罷了／／」噯，表相與內在有別的，而內在與詮釋又是經常被誤解了；就末節的前後項來看，又呈現對比，讓人料想不到的達到了反諷，而提昇其詩質。

　　如果是反諷的詩作，那麼把它解讀爲對獨裁者、暴君、狂妄自大者之諷刺，不也很貼切嘛。獨裁者、暴君、狂妄自大者之可以得計，其最主要的原因就在於他們都需要無時無刻的在賣力表演、炫耀、歌頌自己之技能、展現威權與實力；其心態與近代所謂的廣告學也頗契合。惟獨裁者、暴君、狂妄自大者，總有一天會被識破、唾棄的；而自古以來的，唯

有仁民愛物、有德有愛、捨身取義之人，才能常存於歷史，
爲後世所感念。

◎口　　號

> 每一句口號的背後
> 都編有一個堂皇動聽的理由
> 每一句口號的深處
> 都在展現一個鐵般的意志
>
> 當你大聲喊它的時候
> 彷彿那是最後發聲的機會
> 由不得你拒絕
> 為了練習發聲
> 你把口號當做唯一的護身符
> 認真地喊，不斷地喊
> 在封閉的房間裡
> 在開放的廣場上
>
> 終於你分辨不出
> 到底你是站在世界的哪邊？

—— 1985

該詩詮釋：

口號，係簡短語句在群眾集會或遊行時高聲的呼出；而
群眾心理，係政治心理學之用語，指群眾聚集時常產生的一

種特殊的心理作用，其特徵是個人的感情會異常的興奮，欠缺理性的思考，容易受到暗示而激動。

口號可在集會遊行時祭出，而其標語則可貼置於任何的場所，其作用亦相同；祇是在群眾集會或遊行時之口號，由於有群眾心理之催化與感染，較容易因之而激動，而標語則必須經過視覺或口唸，傳達到大腦以後，才能意識到其所要傳達之思想。

人類社會無時無刻不有口號與標語的存在；那些口號與標語有些是理性的提醒，有些則是不理性的吶喊。有些不理性的口號與標語叫了幾十年的，叫到年老體衰、手無縛雞之力，猶有那股的衝動去叫；此為愚民之大極。

然而歷史是往前奔馳的，回過頭來看那些口號與標語，吾人才會猛然驚醒原來那是多麼的愚昧與無知。

口號的深植人心，要靠堅持，一而再、再而三的呼喊，久了黑的也可喊成白的。所以可堅持，係有無懈可擊的理由加上勇往直前的意志力使然；如已遍尋不著理由或意志力已薄弱了，則其口號已然是笑話一個。

在過往的年代裡，我們的地球曾有太多的笑話。而當大家都在高喊口號時，「由不得你拒絕」，而且在過往的時代，除了口號以外，是不能存有其他的雜音。雖然你不喊或拒絕喊是有理性的，你卻要被打成異類或叛逆份子，送去勞改、管束、再教育；歷來的社會或者群眾，經常虧欠智者或理性者一個公道，而就是這樣來的。直要到許多的人加入陣列，變成了風氣，或者用投票或者用革命的力量，才能打倒口號。

口號，不管你贊成或不贊成，祇要你跟著喊，喊多了喊

久了，誠如前言的，黑的也變白了，白的也變黑了，「終於
你分辨不出／到底你是站在世界的哪邊？」你是愛民主自由
的，或者是獨裁、集權、專制的；，由此可知口號之麻痺、
腐蝕人心危害之大了。

◎蝙　蝠

習慣了黑暗中孤獨的生活
有時也想伸長脖子
倒掛在枝椏上
曬曬那陰濕發霉的靈魂

迎著清新自由的空氣
然後以獨立的角度
發出特殊的聲波
探測一下現實的紛爭

偏偏突起的一陣颶風
捲起了單薄的軀體……
撫視著受傷的翅膀，猛然驚覺
啊，原來你是屬於另一個世界

── 1988 年《台灣文藝》104 期

該詩詮釋：

蝙蝠，係狀如老鼠之哺乳動物，其手足與身體間均有膜
相連如翼而能飛翔。蝙蝠有的眼睛不發達，但具聲納系統；

畫伏夜出並有冬眠的現象。而其食物有吃水果者，有捕食蛾蚊者，也有吸食牛血者。蝙蝠在晝眠或休憩時，大致上都是倒掛在枝椏上的。所有的動植物均有其天性，惟在外力的迫害或干擾，其天性經常會被扭曲，此爲非自由意志。

　　該詩既寫蝙蝠的天性，屬於動物詩；亦係爲以物言志、藉物抒情之作品。在沒有民主自由之生活，係「黑暗中孤獨的生活」、係「陰濕發霉的靈魂」，雖小小的呼換「清新自由的空氣」，不受牽絆的「以獨立的角度」發出有別於時代的「特殊的聲波」，「探測一下現實的紛爭」，看看時代或掌權者有無接納的雅量而改良或改造社會制度。「偏偏突起的一陣颶風」，「捲起了單薄的軀體……」，我是那麼的勢單羸弱；「撫視著受傷的翅膀」，「猛然驚覺／啊，原來你是屬於另一個世界」，你是在黑暗中孤獨生活著的，你的追求自由與獨立是噩夢，總會遭受到無情的打壓、摧殘。

◎給　雲

　　不要告訴我你沒有家
　　不要告訴我你聞不到泥土的芳香
　　不要告訴我你喜歡流淚
　　不要告訴我你那善變的表情
　　代表何種意義

　　我，樹葉上的一顆小小露珠
　　正等待陽光把我蒸發
　　毫不留情的蒸發

沒有消失就沒有存在的意義
我們都是太陽的孩子
我們都在追逐一個不死的夢想

　　　　　　── 1988 年 6 月 6 日自立晚報

該詩詮釋：

〈給雲〉，前節寫雲是流浪的、沒有家的、沒有根的，所以聞不到泥土的芳香。「喜歡流淚」，寫其喜歡下雨，亦隱喻有傷心、漂泊之意。而雲「那善變的表情代表何種意義」？難道是偽裝以苟且偷生，或當變色龍以迎合上意、謀取權位或忍辱偷生？所有的這一些都不要告訴我，那都是你自己的事，你的業你該自己品嘗，與我無涉？

後節則說：「我，樹葉上的一顆小小露珠」，雖是微不足道的露珠，雖其生命一忽兒就消失了，卻是「我們都是太陽的孩子／我們都在追逐一個不死的夢想」，所以我「正等待陽光把我蒸發／毫不留情的蒸發／沒有消失就沒有存在的意義」，我們不會喟嘆生命的短暫，因為沒有消失就沒有存在的意義了，有存在的一天就有消失的一天，這才是天地的至理，才是大自然的風貌。有存在就有消失，沒有存在就沒有消失了；而沒有存在就是死了。「追逐一個不死的夢想」，亦即追逐一個生命的完成；而「我們都是太陽的孩子」，所以「我們都在追逐一個不死的夢想」，這個不死的夢想，亦即回歸「太陽」的境地。

就前後二節的對照來看，前節舖陳的是流浪的、沒有根的、苟且偷安的，沒有理想與目標的；而後節則有因為「我

們都是太陽的孩子」，具有積極與陽光的涵意，有堅強的意志力，有追求光明的信念，所以其「追逐一個不死的夢想」，意味的就是我們追求的是有家園的、有根的、可以生葬同地的地方。再引申則有「我們都是太陽的孩子」，追求「太陽」，可以為「太陽」而奮鬥犧牲，以達成「太陽」的境地；而其「太陽」的涵意，有建立家園，建立自由民主、建立屬於我們自己的家園，毋須再漂泊、流浪的家園之意。

◎在這擁擠的島上

在這擁擠的島上
曾經孵育過的祖國之夢
隨著戰爭結束後不久破滅了
於是有人開始學習候鳥的遷徙
成為拒絕回到故鄉的人

在這擁擠的島上
獨裁者的軀體已成白骨
他的追隨者仍繼續頂禮膜拜
從狹小的廟宇到空曠的廣場
而有人忍不住在銅像的頭上灑了一泡尿

在這擁擠的島上
愛或被愛都無重要
權力、謊言、詭辯，才是流行的追逐
人們在鐵窗內擁抱做愛

幻想清涼的風明天會從窗外吹來

誰也不願相信
真理與正義只是統治者
手中不斷晃動的一塊誘餌
偏偏有人願意賭注生命
為擁擠的島嶼闢出一片天空

　　　　　── 1990 年《台灣春秋》23 期

該詩詮釋：

該詩前 3 節均以「在這擁擠的島上」為起首，所謂擁擠意為很多人或物或動物擠在一塊兒的，隱含空間很小並可引申為容不得異議異見。第 1 節先談憧憬祖國之愛，後寫戰爭結束，祖國降臨，祖國不僅不愛且以鎮壓、拘禁、槍斃處置，紛亂的島讓人恐慌不安、感覺危殆，導致有識之士紛紛的逃離島上，「成為拒絕回到故鄉的人」。

第 2 節先點出「獨裁者的軀體已成白骨」，所謂的蓋棺論定，再分別寫出尊崇與藐視二極端的主觀論定。就尊崇者的心態來看，「他的追隨者仍繼續頂禮膜拜／從狹小的廟宇到空曠的廣場」；就藐視者的心態來看，則又「而有人忍不住在銅像的頭上灑了一泡尿」。

第 3 節則是繼續書寫藐視者的反抗、處境與希望了，對沒有愛或被愛的島上，這島祇有追求「權力、謊言、詭辯」的強人政治而已，其外在環境容不得人民作主；藐視者的反抗均遭到逮捕、徒陷囹圄，大伙一一身陷拘留所，而惺惺相

惜、而相偎取暖，「幻想清涼的風明天會從窗外吹來」。強人政治，民主不彰。

　　末節在說：人類社會之統治者在其能掌控之時，或由於自恃係超人、霸主、天子、神格、軍頭，所言所語即爲律法，雖其「律法」有無私心作祟、是否合乎眞理、公平、正義，不無疑問，但概要按其意旨行事，「千錯萬錯都是別人的錯，自己都沒錯」，所以對臣子或草民判其死刑、絞刑，臣子或草民仍要大呼謝主隆恩！

　　所謂的國事就是家事，所謂的臣就是家臣、家僕，而老百姓就是家奴，祇不過是任其宰割、驅使的動物而已。同爲百年身之人，所受的待遇卻有天壤之別，此爲天道、正義嗎？不，天道、正義絕非如此的，此由人均有生老病死之狀即可以知道；天底下，不會有那個肉體就更珍貴的，是病不了死不了的！而在生前而能享有榮華富貴、山珍海味、妻妾滿庭，就是可喜可羨慕的嗎？孫中山先生的服務觀還是比較通達可愛、人性化，值得景仰與學習。

　　就人的生態來看，有識之士居於人均祇有百年身而已，理該讓眞理與正義普照在人間，如果領導者不以眞理與正義領導天下，那麼有識之士就會「偏偏有人願意賭注生命／爲擁擠的島嶼闖出一片天空」。讓眞理與正義飄揚在天空裡，指導人之世間事。世事多變化，欠缺眞理、公平、正義者，終將自取毀敗的。

◎閱　兵

　　一輛輛的坦克

一支支的火箭
一列列的士兵
一排排的刺刀
唰 —— 唰 ——
轟隆轟隆地通過
灰色的廣場

撕裂胸膛的戰機
挾著巨大的音爆
向權力的前方飛去

它們在炫耀什麼？
它們在威鎮什麼？

隔著層層的拒馬和蛇籠
一對對驚惶的眼睛
找不到回家的路

—— 1991 年 11 月 9 日自立晚報

　　該詩詮釋：
　　該詩乍看是在描寫「閱兵」典禮，其實是在描繪當局者
以軍隊鎮壓人民以肉體之示威行動，並以現代武器之耀武揚
威與普羅百姓傷痛心靈之相互對比，勾勒出獨裁者以軍隊鎮
壓人民之不義與不仁，喚醒普羅眾生追求民主自由，呼籲當
局者傾聽民意戮力改革人權，提昇生命的價值。

　　就現代一般的閱兵典禮來看，大致都會展示出：「坦克」、「火箭」、「士兵」、「刺刀」、「戰機」等戰火工具之具象，並以「唰唰」、「轟隆轟隆」及「音爆」等戰火之聲、動作表演之；而此種情景均係在宣示「權力」、「炫耀」、「威鎮」。

　　從人民的立場來看，閱兵當然是在宣揚「我們國家」的雄偉武力，展示國力，警告敵方或第三國勿冒然的進犯，以確保國土人民之安全，而不是用來鎮壓人民的行動與聲音；然在以黨領軍或專制獨裁的國家裡，軍隊效忠的對象僅係獨裁者個人而已，軍隊為其所御用，難免用之鎮壓人民爭取自由民主人權之怒火，此時所謂之閱兵不也是在恐嚇手無寸鐵的老百姓？

　　所以詩人又以「拒馬」、「蛇籠」、「灰色」、「撕裂胸膛」、「驚惶」及「找不到回家的路」，來描述閱兵的不同意義所在。再從「拒馬」、「蛇籠」、「驚惶」及「找不到回家的路」來詮釋，該詩其實並非在描繪詩題之「閱兵」，而是在描繪獨裁者以軍隊鎮壓人民的爭自由民主抗議示威之不當。

　　〈閱兵〉一題，如僅就浮面的意義著墨，用以歌頌國力之強大威武，捍衛人民與疆域的武力，僅祇是一般的作品而已；然詩人卻在威權的架構下，從另一種意義來透視閱兵的意義，並將鎮壓示威反抗之兵力比擬為閱兵之行伍，帶著無奈、詼諧與戲謔，同時嘲諷當局的「殺雞用牛刀」，則其層次當然較諸於一般的作品高明許多。

◎路

從市區的傭工介紹所走回家
似有走不完的路在腳底延伸

一邊觀看華燈初上的街景
一邊內心想著
多需要那一點點的燈暈照亮落寞的前程
而路卻愈走愈暗愈難行
譬如走往墓塚……

隔壁的阿伯又喝醉了
依稀可以聽到他叫喚私奔多年的妻的名子

—— 1970

該詩詮釋：

以「傭工介紹所」、「走回家／走不完的路在腳底延伸」、「多需要那一點點的燈暈照亮落寞的前程／而路卻愈走愈暗愈難行／譬如走往墓塚……」、「隔壁的阿伯又喝醉了／依稀可以聽到他叫喚私奔多年的妻的名子」等語句展現小人物的悲哀，社會底層的嘆息，令人唏噓。

再以「市區」與「傭工介紹所」、「一邊觀看華燈初上的街景」與「一邊內心想著／多需要那一點點的燈暈照亮落寞的前程」比對，在以繁榮對照失業、外在街景之熙攘對照內心落寞的前程，自然勾勒出人間之不平與社會底層生存之

艱困，令人燃起對小人物之同情。再者「走回家／似有走不完的路在腳底延伸」及「多需要那一點點的燈暈照亮落寞的前程／而路卻愈走愈暗愈難行／譬如走往墓塚……」二句，前者具有勞累無窮無盡之延伸，令人產生無奈之感慨，而後者卻是漸層的下沉，意念直往下墜，有令人負荷不起之悲痛。

　　「隔壁的阿伯又喝醉了／依稀可以聽到他叫喚私奔多年的妻的名子」，醉酒以消愁，愁消得了嗎？叫喚私奔多年妻的名子，既隱含思念亦有孤單之意，讀之讓人有落魄孤單無依之感嘆。

　　首 2 節寫到「似有走不完的路在腳底延伸」、「而路卻愈走愈暗愈難行／譬如走往墓塚……」，而「隔壁的」之意，既為表示事不關己，是他人的事情，亦與首 2 節相貫穿呼應，有全體之意，讓通篇呈現出相同的感應，亦即有茫然、無依、孤單、悽苦之情。

　　或許對我們該說，不管是誰，失意或風光，人生之路大致都在仰賴他人，且經常是被主子賣來賣去的，直到老死，而這也就是生之悲苦，作繭自縛，既要追求太多而又身不由己。

◎夜　思

今天的日記
要記載些什麼呢

反正不是
神聖、偉大之類的字眼

誰能告訴我
明天的風將從何處吹來

已經死去的故鄉的記憶
正在時間之海的某處
慢慢腐蝕吧
閉上眼睛
我看到了比生更齷齪的東西

—— 1983

該詩詮釋：

第 1 節「今天的日記／要記載些什麼呢」，這是一句很通常、很平凡的句子而已，不帶任何的感情宣洩。但在第 2 節「反正不是／神聖、偉大之類的字眼」的「反正不是」，已然吐露出有一份否定與無奈感；緊接著導出棄絕神聖偉大，而就平凡、粗鄙、通俗的隱意。

第 3 節「誰能告訴我／明天的風將從何處吹來」，讓人有未來是不可知的茫然，是不明的、未知的，而這不明與未知，就會讓人畏縮、膽怯、害怕。

第 4 節，故鄉向來是一種溫馨，令人懷念的地方，所以有所謂的落葉歸根、少小離家老大回、懷鄉之情等；人的感情最豐沛、最純真、最易感動的時代，當屬少小之時，而人也是最容易淡忘的動物，有其堅忍毅力，對過往的情境往往將其痛楚與悲傷洗滌，篩選下來的就是歡樂、愉悅、堅忍、勇氣、耐力、溫馨。

該節首句「已經死去的故鄉的記憶」表故鄉已非故鄉，故鄉已非存在於記憶中的故鄉了，而有這種念頭的產生或許是因為故鄉有重大事情發生，讓人不敢再憧憬故鄉的溫馨。次一句「正在時間之海的某處／慢慢腐蝕吧」，係接續首句之死去，因時間之逝去，而慢慢腐蝕，最後終將化為烏有。最後一句「閉上眼睛／我看到了比生更齷齪的東西」，係在詮釋該節首句之「已經死去的故鄉的記憶」，何以致此之原因；平敘之，就是：對故鄉，我看到了比生更齷齪的東西了，所以在記憶中的故鄉已然死去了；而且已死去的故鄉的記憶，正在時間之海的某處慢慢的腐蝕了，終至於屍骨無存、霧消雲散、化為烏有。

◎雪

漂泊人生
沒有雪真的活不下去嗎
某日
從小生活在雪地裡的他
突然，深深地
懷念起遙遠的雪來

與其說喜歡雪的純淨明亮
不如說是厭惡現實的晦暗吧
他想起自己漂泊的人生
有如無數翩舞的
白茫茫的雪花

雖然繽紛

但轉眼即逝

化入塵土

那夜

滿頭白髮的他

終於滿足的斷氣

在一個大雪狂飛的夢中

—— 1993 年 2 月 18 日中國時報

該詩詮釋：

　　雪是空氣中的水蒸氣遇到極冷的空氣而凝結成白色的小結晶體，由空中下降而成；此外所下之雪，淤積於地表亦稱之。雪的概念通常都是白茫茫、白皓皓的，純淨明亮、無瑕無邪的。

　　第 1 節「沒有雪真的活不下去嗎」，是對雪的懷念，也是一種感嘆；接著「某日／從小生活在雪地裡的他／突然，深深地／懷念起遙遠的雪來」，其所言之雪，既為「雪」之寫實，亦為寫「故鄉」，同時也是在寫純潔無邪。

　　第 2 節暗諷現實的晦暗，同時也寫下「他想起自己漂泊的人生／有如無數翩舞的／白茫茫的雪花／雖然繽紛／但轉眼即逝／化入塵土／／」，係對自己漂泊的人生，雖經歷無數翩舞繽紛的白茫茫雪花，然雪花轉眼即逝，化入塵土歸於無有，也令人感嘆歲月如梭、飄忽易逝、無常之感。

　　第 3 節寫「那夜／滿頭白髮的他／終於滿足的斷氣／在

一個大雪狂飛的夢中／／」。白髮與白雪亦白，有相互呼應之妙，而終於滿足的斷氣在一個大雪狂飛的夢中，則又與第一節「沒有雪真的活不下去嗎」相對照，而死（斷氣）又與夢相呼應，令人有人生如夢，生如死死如生，生死同義之慨。

　　此詩在小小的 3 節中，表露出對雪對故鄉的深切懷念；也敘述喜歡雪的純淨明亮、厭惡現實的晦暗，有針砭現實之哲理；並對短促、漂泊的人生有所感嘆；也寫出浪子離鄉背井客死他鄉之憂傷與無奈；也點出生死與夢同義之哲思。該詩雖小，義理磅礡，哲思深深，兼又忽而寫情、忽而寫景、忽而寫理，亂中有序，耐人玩味，為不可多得之力作。

◎我不相信

> 我不相信我的腿
>
> 剛從西貢走回來的這雙腿
>
> 我不相信我的手
>
> 數不清扣過多少次扳機的這隻手
>
> 我不相信我的眼睛
>
> 那映在瞳仁裡
>
> 一切都在燃燒的這雙眼睛
>
> 我不相信我的耳朵
>
> 至今猶砲聲呼嘯不絕的這對耳朵
>
> 我不相信這個世界
>
> 連奧藍的天空
>
> 也分裂成兩半的這個世界

　　　　　　　　　　　　　—— 1975

該詩詮釋：

天空原本是渾然天成、一望無際、不可分割的一體性的，卻在人為的自私、貪婪、鬥爭、愛恨、信仰、殘暴之下，點燃了憤怒，開啓了戰火，活生生的分割了世界。

有奔波、有扣扳機、有憤怒、有砲聲呼嘯不絕，如此的兵馬倥傯，造成妻離子散、家破人亡，斷垣殘壁；卻自以為係為信仰、為忠心而奮鬥。

戰火撩原、大立大破，如係為解救民生疾苦、剷除暴君、寄望未來的和平幸福快樂，當係被景從的；很多的起義、革命、抗暴均係如此的號召，而很多的仁人、義士、盲從者，也因之前仆後繼，為其理想而拋頭顱、灑熱血。

人的鬥爭性、自大性、貪婪性、排他性，總是讓人間沒有百年的安詳日子好過；也常在現實的醜惡加害下，硬生生的把這個世界分裂成兩半，世界何辜，人類何辜？又豈是上天好生之德？又怎能令人相信？

（2008.02.03 成稿／刊笠 265 期 2008.6）

〈出入證〉詩作及其自剖

趙　迺　定

詩作：出入證

姓從父從母

從繼父養父從繼母養母

愛什姓什夠自由

名阿貓名阿狗

小白小馬皮蛋

管你叫什你就叫 1 他叫 7

編號照相

把名牌製造

就叫出入證

出入證的花臉比人還漂亮

管你叫 1 號還是 7 號

管你是我父我子

出入憑證

有證准進沒證莫闖

管你是人是貓是狗

上級交代
有情也好無情也罷
有證准進沒證莫來

（刊《笠》256 期 2006.12）

自剖〈出入證〉

　　拙作〈出入證〉刊於《笠》256 期，全詩如上。甘子建先生於其大作〈讀《笠》小札〉，予以剖析陳述，登於《笠》257 期。

　　動物都會自我製造私有的或劃定了勢力範圍，雖然那一條界線隨著時空會有所更動，但在基本上還是有一條線存在的。動物對超過那條線的入侵者或闖入者會加予攻擊，或現出驚恐不安或恫嚇、哀鳴之狀。此從家禽、家畜之生態即可見得，比如你靠近到母雞所設定之範圍，母雞會為維護小雞的安全，自會開展雙翅、奔撲啄人或恐嚇作勢啄人的；而火雞、貓、狗皆然。而野性動物更是警覺了，所畫定的範圍更深更廣。

　　人民組成之國家亦如是，以國界為範圍而劃分內外，其出入應有「出入證」之申請程序。未依規定出入者，個人即屬違法，應受制裁；代表其他國家之人或物者之擅闖、擅入，即為侵犯領地、領海，重者引起兩國戰爭，輕者亦被要求道歉或被拘、被逮、被沒入。而就機關、機構、公司、工廠來看，為維護其自身安全，亦均須設置門禁，管制進出之人與物。此外，為方便管制起見，對需經常出入之員工或經常有

往來者，即發給專屬之「出入證」，編號、貼照以識別之；不常往來者或是訪客，則以押證、登記，換發臨時「出入證」控管之。而幫派或代理經銷販售者，亦會劃分勢力範圍，稱爲管區。而收費之博物館、展覽場、電影院、歌劇院等，其管進不管出，亦均須憑證進入，此證意同「出入證」，或稱爲入場券，或稱爲參觀券。拙作〈出入證〉之意一。

　　「出入證」既爲繳費取得，有價的，是故亦可引申爲「伴手禮」、「賄禮」、「買官」。所謂的「伴手禮、賄禮、買官」，亦可引申爲「關係」、「子弟」、「宦戚」、「引薦」、「學生」，而買票入場天經地義，古來有之。拙作〈出入證〉之意二。

　　「出入證」既爲古來有之，且是大眾化的，所以拙作在創作上，有意的以粗鄙俚言村語，用通俗的語言表達，以貼近大眾的生活，冀望易爲閱讀者感受得到。並以雜亂、單調、冗長、累贅、重覆之用辭與音節以造成鐘鼓單音之撞擊，頌經之綿延不絕，達到入定之境，冀求超度此惡業。

　　數字由 0 至 9 爲十進位所用，其組成變化無窮；同志則使用其中之 0、1、7 三者爲暗號，0 指女、陰、接受者，1 指男、陽、授予者，7 則指可男可女之雙性者，是爲接受者亦爲授予者；而 1 又同第一人稱之一，代表自己，7 音同妻，亦可借用。

　　就意 1 來說，其數字原以 0、1、7 處理的。0 代表機關的首長，爲接受忠心、輸誠，賣官晉爵者；1 代表基層員工，爲默默支付勞力心力、貢獻心智、提供賄賂、卑躬屈膝者，7 代表中高階的主管，既爲接受忠心輸誠者，亦爲提供賄賂者。筆者有些銀行朋友，問他收不收禮，他們說：「收，我們也

要送上面的。」收授禮物、賄賂，於焉產生共構。有燒香有
保佑，拿人錢財替人消災（給好處），嗚乎！筆者依舊喜歡
佛家所說：「心存善念，不燒香拜佛，佛祖也會保佑你。」
人人心存此念，天下太平。

　　0 既為接受者，則為陰性、女的，外界之善業、惡業一
併全收，再引申為人盡可妻（或欺），後以「人盡可妻」有
所下流、不雅而棄之，僅留 1、7，代表無數眾。

　　「出入證」係以「人」為主體的，無此人即無此「出入
證」，所以「出入證」係依附於主體之人。如果以「出入證」
為門禁工具，並規定「出入憑證」，「有證准進沒證莫來」
的認證不認人，實為本末倒置、倒果為因，不僅顢頇無知兼
且冷血。意 1，就是在針砭此種認證不認人之顢頇作風，不
合時宜之規定。

　　而就意 2 來說，1 代表自己的人、7 代表妻方之人，1+7
就是宦官、近臣、外戚、子弟兵、學生；而所謂的「出入證」，
即有無送禮、賄賂或關係，有出入證者，則升官發財給他，
研習進修給他，重要工作、容易看得到績效的職物給他，而
營私結黨勾結，無所不在。於是忠言逆耳，小人得道雞犬升
天，積習難改，無出入證者，則坐冷板凳，累死活該，升官
發財無份也活該；領導者如此，縣市長如此，部會首長亦如
此，能跳脫者幾稀，1 即泛指為官居高位者，非特指單一之
人。意 2 即在點出，送禮、賄賂、拉關係之墮落黑暗，營私
收賄結黨勾結之不該，但該惡習是其來有自的，並希冀建立
制度、規範大家遵守，於焉國家、社會才能更加的清廉，而
政治也可更加的清明。讓「天才不如庸才，庸才不如奴才」

成為絕響。所以在現行制度下，如果久坐冷板凳而心戚戚焉者，不妨自我消遣一下，除非自己是庸才，否則你就是天才，但絕不會是奴才。

人先有姓再有名，而名可改，姓亦可改，以言滄海桑田，人生之無常。姓名之名都可改了，名利之名之利又有何重要呢，名阿貓、名阿狗也不重要了，而稱為總統、院長、部會首長、組長、局處長、科課長又如何？所以叫阿貓也好，叫阿狗也一樣。

人生苦短，而人類的歷史悠長，割捨舊惡習、建立制度，好自為之；為善最樂，惡業莫為。

該詩用字 125 個，其中重覆使用者達三分之二以上，而重覆使用達四次以上者有「從、父、管、你、叫、證、是」七個字，所佔篇幅幾達三分之一。

由於視覺上重覆字之多，與唸、聽之重覆音繁多，勢將造成雜亂、單調、冗長、累贅之味道，此實為筆者特意營造的音律，目的在造成鐘鼓單音之撞擊，頌經之綿延不絕，達到禪定之境界，冀求超度此種積習、惡業並免除掉罵來罵去之口業，減少社會之動盪不安。

於此筆者宜聲明，筆者未習佛法或邪魔歪道，並無藉之升官、發財、謀利之冀圖；但如有習佛法或邪魔歪道者，所習非為大眾之利，而係藉以圖謀個人之升官、發財，那麼那種宗教，我看也是差不多了，不習也罷。筆者仍深信佛家所說：「心存善念，不燒香拜佛，佛祖也會保佑你。」之誠言。善哉，善哉。

（2007.02.25／刊笠 258 期 2007.4）

後　記

　　此集之結集，著實又刺痛了我的心。

　　人生的黑暗面與無力感，總會使人意志消沈的；不過，不管如何的，我還是把它完成了。而此首要感謝陪伴我數十年的內子，雖然我們有時也會有意見相左，然若沒有她的支持（雖然她不看我的作品），與承擔很大部分的家務，讓我得予無後顧之憂，專心的在詩文的創作天地裡翻滾。

　　最後在此還是要深深的謝謝內子的支持。最近我常跟她說，等她退休，我們就可以結伴到各地去走一走的了。而我寫文章，而她攝影；她是很喜歡攝影的。

趙迺定謹誌　2012.06.17